バリスタが教える

おいしいコーヒーの
はじめ方

監修 Unir（ウニール）山本知子

新星出版社

はじめに

　はじめまして、京都のコーヒー屋 Unir (ウニール)
でバリスタをしている山本知子です。この本を手
に取ってくださった方はどんな方でしょうか？　コー
ヒーが好き、コーヒーを勉強したい、コーヒーに興
味がある、Unir をご存知の方もおられるでしょう
か？　私は、美味しいコーヒーと、多くの方のサポー
トでバリスタの日本チャンピオンになることができま
した。でも昔からコーヒーが大好きだったわけでは
ありません。そんな私がコーヒーの道に入ったのは、
いま店で扱うスペシャルティコーヒーに出会い、その
美味しさに衝撃を受けたからです。こんな美味し
いコーヒーがあるんだ！　と。

　美味しいコーヒーに気負いはいりません。わか
らないことは、私たちバリスタやコーヒー屋さんにお
任せください。この本はそんなコーヒー屋さんに行っ
てみたくなる、そしてコーヒーを淹れて楽しみたくな
るような本です。皆さんのコーヒーの楽しい入り口に
なれば、とても嬉しいです。

山本知子

Contents

Part 01　好みの味の見つけ方

Part 02　　美味しいコーヒーを淹れよう

Part 03　コーヒー×食のはなし

Part 04　コーヒーレシピ

Part 05　コーヒーのひみつ

コーヒーをどんな風に楽しむ？

朝一番にカフェでキリッとブラック、
おうちでミルクを入れてホッとひと息…。
さまざまなシーンで、いろいろな飲み方のできるコーヒーを、
あなたは、どんな風に楽しみたいですか？

カフェで本を
読みながら

家で友人を
もてなして

アウトドアで
新鮮な空気と

リラックスタ
イムの映画の
お供に

11

あなたはコーヒーの
どんなところが好きですか？

豆の袋を開けるときの高揚感、手挽きのミルが豆を刻む音、
ドリップしたときにモコモコと膨らむ泡、
そして、注いだカップから広がる香りと味…。
最高品質のスペシャルティコーヒーで演出する、
優雅なひとときもいいですね。

美味しさと
満ち足りた時間を
感じられる一杯を

好きな味がわかると
豆選びから楽しくなるコーヒーの世界。
飲み方も、ブラックだけでなく、砂糖や
ミルクを加えたり、ラテアートに仕立てたり、
アルコールと組み合わせたりするなどアレンジも多彩。
素敵な一杯から生まれる心地よさを、
あなたも味わってみませんか？

レギュラーコーヒー
で楽しむ

ペーパードリップやフレンチプレス、サイフォンなどの器具を使って抽出するコーヒーです。挽いた豆にお湯を透過させたり浸漬させたり、方法はさまざま。器具の選択肢が多いのも、楽しみのひとつです。

アメリカンコーヒーは浅煎りの豆で淹れるか、お湯で薄めて作ります。苦みが抑えられて飲みやすいです。

カフェオレの発祥はフランス。カフェ＝コーヒー、オレ＝ミルクという意味で、1：1の割合です。

「ウィーン風のコーヒー」という意味の**ウィンナーコーヒー**はオーストリアより。ホイップクリームをたっぷりのせます。

コーヒーの楽しみ方①

基本はこの2つ

エスプレッソで
楽しむ

エスプレッソマシンなどを使って圧力を
かけ、短時間で抽出するコーヒーのこと。
風味がぎゅっと濃縮された、濃厚な味わ
いが特徴です。ミルクとのバランスもよ
く、コーヒーソースとして、料理やデザー
トといっしょに楽しむこともできます。

イタリア生まれの**カフェラテ**は、カフェ
＝コーヒー、ラテ＝ミルク。エスプレッ
ソとミルクは1：5以上。ミルクの割合
が多いため、ミルキーな仕上がりです。

同じくイタリア生まれの**カプチーノ**。エ
スプレッソとミルクは1：5。コーヒーの
味とミルクのバランスが際立ちます。

カフェモカは、エスプレッソにチョコレー
トやチョコレートシロップとスチームした
ミルクで作ります。まるでデザートのよ
うな味わいです。

あなたのお好きなカップは？

集めたり飾ったり、「今日はどれで飲もうかな？」と悩んだりする時間だって、愛おしいもの。カップの厚みや形状によって味わいも変わります。お気に入りのカップと出逢えたら、さらにコーヒータイムが充実するでしょう。

バリスタとは？

コーヒー専門店などで美味しいコーヒーを淹れるプロであり、美味しいコーヒーを伝えるコーヒーの大使。豆の選定や焙煎の度合い、挽き方、抽出方法、器具の扱い等を熟知している。好みの味を探す手伝いもしてくれる。

メニューはこちらです

どのような味が
お好きでしょうか？

え〜と
どうやって見れば
いいんでしょう…

カフェスペースもあるからと
思ったけれど難しいかも…

ううん…爽やかで飲みやす
いものとかありますか…？

MENU

Ⓐ
トップオブトップシリーズ…①
コスタリカ…②
COE 2位…③
ラスマルガリタス…④
ゲイシャ…⑤
白桃、ジャスミンティー、
マスカット…⑥

Ⓑ
トップクオリティシリーズ…①
ホンジュラス…②
エルサウセ…④
パーカス…⑤
ブラックベリー、ビターキャラ
メル、オランジェット…⑥

専門店のメニュー

メニューにコーヒーの情報が詳細に記載されていることもある。例えば上記では、
①…メニューの名前、②…生産国、③…国際的な品評会の評価、④…農園、
⑤品種、⑥風味、が記されている。⇒5章 207 ページへ

19

風味や印象について

まずは自分の好みの味を知ろう。伝え方がわからなくても、どんな風味がよいか、酸味や甘みなどどのような印象がよいかを決められると、好みの味を導きやすい。⇒1章28ページへ

豆は淹れる直前に挽く

コーヒー豆は、挽いた瞬間から劣化していくため、淹れる直前に挽くのがベスト。注文が入ってから挽くお店が多い。⇒1章62ページへ

抽出方法いろいろ

まずは押さえたいハンドドリップ以外にも、抽出
方法はたくさん。見た目が美しい器具たちは選
ぶのも楽しい。⇒2章へ

例）

Colombia Cerro Azul Geisha Natural
コロンビア セロアスール ゲイシャ ナチュラル

国	Colombia
農園	Cerro Azul
生産者	Rigoberto Herrera
地区	Trujillo, Valle del Cauca	❶
標高	1,700m～2,000m	❷
品種	Geisha	❸
プロセス	Natural	❹

TASTING NOTES:
Red grape, peach, passionfruit
レッドグレープ、ピーチ、パッションフルーツ
❺

❶国名、農園、生産者、地区
❷穫れた標高
❸品種
❹生産処理方法
❺風味

そちらがお好きでしたら、
これもお好みだと思いますよ

おいしい！
本当に爽やか！
買って帰ろうかな

わ、うれしい。
それもください

パッケージの裏やPOPは情報の宝庫

ラベルやPOPには、生豆の生産国名、焙煎度合いや挽き方が
記載されている。スペシャルティコーヒーの場合は、さらに生産者
情報、豆の品種名や生産処理方法も記されている。

豆の購入

専門店では、豆をそのまま購入する以外に、挽いてくれるサービスがあるところも。豆を挽く器具がない場合は、挽いてもらおう。

豆の保存方法

豆を挽いてから1か月以内で飲みきる場合は常温保存でOK。バルブつきの袋でなければ、ジップつきの袋や缶に入れ替えて。飲みきる量だけ買うのがベター。⇒1章66ページへ

coffee time

Part 01

好みの味の
見つけ方

自分の好きな味の傾向がわかると、
豆選びの楽しさがアップ！
コーヒー豆についてなど、まずは基本知識から。

コーヒーの味ってどんな味？

27

味を決めるポイントを解説！

好みのコーヒーを見つけよう

　美味しいコーヒーに出逢いたいと思ったら、まずはコーヒーショップに足を運び、いろいろなコーヒーを味わって、あなたが美味しいと感じる味を見つけましょう。探す過程でポイントになるのが「風味」「酸味と甘み」「口当たりと後味の感覚」。この３つについて多少なりとも知識を得ておくと、好みの一杯を見つけやすくなるはずです。さらに、豆の品質、焙煎度合いや挽き方、温度によっても味わいが変わることなど、知るほどに奥深さが見えてくるので、好みの幅も広がっていきます。

point.1

風味（フレーバー）

鼻（嗅覚）から抜ける香りと、舌で感じる味の2つを合わせて、風味（フレーバー）といいます。風味のもとは生豆ですが、焙煎によって風味の出方が変わるので、豆を選ぶときは焙煎度にも注目してみましょう。

point.2
酸味と甘み

よい酸味と甘みとはフルーツのような爽やかさ、繊細さとして表現できます（35ページ参照）。焙煎が進むほど酸味と甘みは減少するため、爽やかなコーヒーを好む場合は煎り具合の浅いものを選びましょう。

point.3
口当たりと後味の感覚

口に含んだとき、頬の内側にどんな感覚があるか（口当たり）、飲み終えた後に残る感覚（後味）は甘み？ それとも雑味？ ということも、好みのコーヒーを選ぶときの大切な要素です。

check

好みのコーヒーをオーダーするには
・・・

専門店に行ったときに、この3つのポイントを伝えてオーダーできれば、もちろんGood。でも、例えば「ミルクチョコレートのような甘みが好き」とか、「ベリー系のフルーツの風味が好き」というように、自分の感覚で伝えるだけでもOKなんです。お店の人がどんなコーヒーを提供してくれるのか、待つのも楽しいひとときです。

味わいを決める要素

豆の質 QUALITY

味わいのベースになるのは、なんといっても豆の品質。どのような環境で育ち、適正に育てられたか、どのように管理され、処理されたかが、豆の質を決めます。

焙煎する ROAST

煎って加熱し、風味を引き出します。浅煎りから深煎りまでいくつもの段階があり、焙煎が進むほど酸味が減り、苦みが増します。焙煎の時間や火の入れ方で、大きく味わいが変わります。

挽く GRIND

挽き目が粗いか細かいかも、味わいに大きく影響します。挽いた粒の挽き目によって溶け出す成分が変わるので、味に雑味が出ないようにするために、均一に挽くことが大切です。

淹れる BREW

粉の量、お湯の温度や抽出時間によっても味わいは変わります。低温すぎると豊かな風味が出にくく、抽出時間が短いとあっさりした味わいになり、長いと苦みが強く出ます。

産地

コーヒーの栽培適地（コーヒーベルト）が生産国。

品種

栽培しやすいものから風味が優れたものまで数百ある。

生産処理方法

大きく3タイプあり、処理方法により味わいも変わる。

浅煎り

酸味が強く、香りもよい。苦みは少ない。

中煎り

酸味と苦みのバランスがよく、甘みも感じられる。

深煎り

酸味は弱く、強い苦みとロースト臭がある。

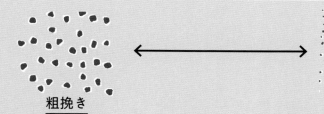

粗挽き

粒が粗いほど雑味のないスッキリした味わいに。

細挽き

粒が細かいほど酸味や甘み、風味が感じられます。

低温
風味が
出にくい

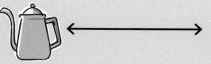

高温
苦みが
出やすい

短時間で
さっぱり

時間を
かける
濃いめ

好みの味を決めるポイント①

風味の特徴を把握しよう

　風味というのは人によって感じ方がさまざまです。飲んですぐ感じるものもあるし、後味で感じることもあります。熱いときに感じたり、冷めてから感じる風味もあります。初めは、甘み、酸味、苦みのどれを感じるか、というところから試してみるといいでしょう。プロの場合はカッピングという方法を使い、右ページのような食べ物やフルーツといったワードを使って風味を表現します。まずは、甘み、酸味、苦みを意識して、どんな風味があるか、探ってみましょう。これらの特徴を知るためのテイスティングを、カッピングと呼びます。カッピングの方法は、138ページでご紹介します。

おいしいコーヒーの風味

おいしいコーヒーの風味には３つのタイプがあります。ナッツ系だけを感じ
るものもありますが、ナッツとチョコの両方の風味をあわせもつこともあっ
たり、フルーツ系の風味が複合していたりすることもあります。

ナッツ系	香ばしい風味と香りを感じるタイプ。例：アーモンド、マカダミアナッツ、ヘーゼルナッツ、ピーナッツなど。
チョコ系	チョコレートのような甘みや苦みを感じるタイプ。例：ミルクチョコレート、ビターチョコレートなど。
スパイス系	スパイシーな風味や甘みを感じられるタイプ。例：コショウ、ナツメグ、シナモン、クローブ、アニスなど。

上質な風味の特徴

さらに品質の高いコーヒーでは、フルーツを連想する風味を感じることができ
ます。酸味の強さや甘みの違いによって、いくつかの系統に分けられます。

シトラス系	柑橘系のフルーツのような爽やかな風味。例：レモン、グレープフルーツ、ライム、オレンジなど。
ベリー系	ベリー系の果実のもつ甘酸っぱい風味。例：ストロベリー、ブラックベリー、ラズベリー、カシスなど。
リンゴ系	青リンゴのような爽やかな風味。または酸味も甘さもほどよい一般のリンゴの風味。
トロピカル系	トロピカルフルーツのもつ複雑な酸味や甘みを感じられる風味。例：パッションフルーツ、マンゴー、パイナップルなど。

好みの味を決めるポイント②

酸味と甘み

「酸味」というとお酢などを連想するかもしれませんが、コーヒーにおける酸味は少し異なります。日本人には酸味のあるコーヒーが苦手という方が多いのですが、素晴らしい風味をもつコーヒーには酸味が重要な要素です。さらに酸味にともなう甘さも欠かせない要素で、品質や甘さの強弱によって味わいも大きく変わります。右ページの図のようにコーヒーの酸味と甘みは

フルーツで表すことができます。図を見ながら飲んでみて、「このへんかな？」と考えながら味わってみると、徐々に酸味と甘みのバランスがわかるようになるでしょう。「ピーチのように酸味は弱めで甘みが中間くらいのコーヒー」などと専門店で相談してみてはいかがでしょうか。きっと、好みに合うコーヒーを探してくれるはずです。

レモンの酸味
ピーチの甘み…

酸味と甘みのバランス

よいコーヒーであるほど、いろいろなフルーツを感じられます。酸味と甘みの
強弱を確かめながら、好みのバランスはどのあたりか、例を見ながら探してみ
ましょう。

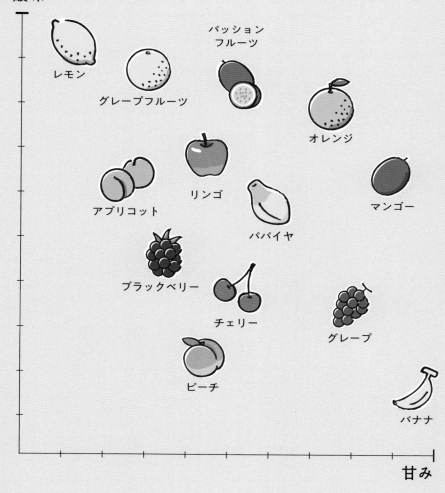

酸味

パッション
フルーツ

レモン

グレープフルーツ

オレンジ

リンゴ

アプリコット

マンゴー

パパイヤ

ブラックベリー

チェリー

グレープ

ピーチ

バナナ

甘み

好みの味を決めるポイント③

口当たりと後味の感覚

口当たりとは、コーヒーの液体を口に含んだときに感じる質感（粘り気、濃さ、滑らかさの印象）のことで、上質な豆ほど滑らかな質感があります。例えば、乳製品では、飲んだとき、頬の内側に、牛乳は「滑らかさ」、生クリームでは「丸み」、バターは「粘り気」を感じます。コーヒーにも同様の口当たりがあるのです。口当たりは、コーヒーが熱すぎると判断しにくいので、少し冷めてから口に含むとイメージしやすいです。

後味とは、コーヒーを飲み込んだあとに口の中に持続する風味のことで、口に残るコーヒーの感覚が、甘みなどの余韻を残して消えていくこともあれば、すぐに風味がなくなる場合、苦みで終わる場合などがあります。良質の味と香りが長く続くものほどよいコーヒーで、「すっきりと爽やか」「透明感」「まったりした重厚感」「長く続く甘い感覚」といった表現ができます。

口当たりの感覚

丸み

滑らかさ　　　　　粘り気

後味の感覚

透明感　　　持続する甘さ

爽やか　　　まったり

check

風味

酸味と甘み

口当たりと
後味の感覚

でオーダーしてみると…

「アーモンドの風味があって、
酸味が弱くて、少し甘くて、
口当たりは滑らか」

「スパイシーな風味があって、
酸味は強め、甘みは控えめ、
後味が爽やか」

「ベリーのようにフルー
ティーで甘酸っぱい風味で、
口当たりはさっぱりしてい
て、透明感のある後味」

Favorite
taste

02

産地が集まる

コーヒーベルトの話

ベトナム

エチオピア

ケニア

インドネシア

コーヒーの生産国のほとんどが赤道を挟む北緯25度から南緯25度までの熱帯地方にあります。コーヒーベルトと呼ばれるこのエリアは、コーヒー豆の栽培に適したさまざまな条件が揃う、コーヒーの栽培適地です。

気温：年間の平均気温が20度ほどで、昼夜の寒暖差がある。

降雨量：雨季と乾季があり、年間1800〜2500ミリ程度の降雨量がある。

日照：直射日光が強すぎず、適度な日陰が作れる。

土地：肥沃で水はけのよい土壌。

コーヒーベルトはブラジル、コロンビア、コスタリカ、グアテマラなどの「中南米エリア」、エチオピア、ケニアなどの「アフリカ・中東エリア」、インドネシア、ベトナムなどの「アジア・太平洋エリア」の大きく3つに分けられています。

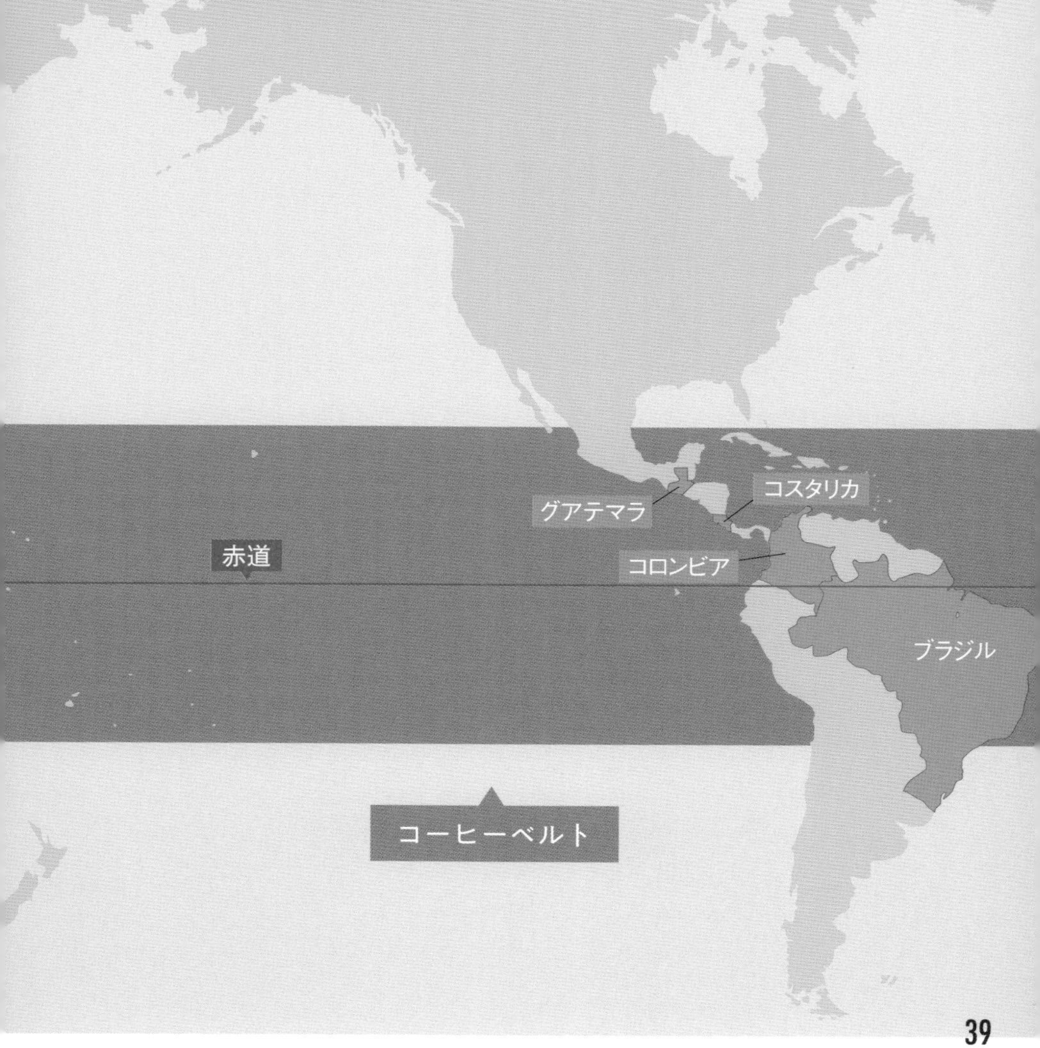

コスタリカ

グアテマラ

コロンビア

赤道

ブラジル

コーヒーベルト

日本で手に入る

美味しい豆の産地

　世界では多くの品種のコーヒー豆が栽培され、生産国は約60〜70か国あります。その中で、日本への輸入量が一番多い国がブラジル。次いでベトナム、コロンビアの順となり、そのほか40か国以上から輸入しています。

　日本では、豆のほとんどを輸入に頼っています。コーヒーは同じ品種でも豆の産地によってさまざまな味わいや風味があり、個性が違うので、産地や生産方法に目を向けていくと、楽しみは無限に広がります。

コーヒー豆の産地国

中南米	アフリカ・中東	アジア・太平洋
・ブラジル	・イエメン	・インド
・ペルー	・タンザニア	・インドネシア
・ホンジュラス	・カメルーン	・ベトナム
・メキシコ	・エチオピア	・ハワイ
・コロンビア	・ケニア	など
・エクアドル	・ザンビア	
・グアテマラ	など	
・ジャマイカ		
・キューバ		
・コスタリカ		
など		

ブラジル

世界第1位の生産量

ベネズエラ

コロンビア

ペルー

ボリビア

ブラジル

パラグアイ

大きな農園が多く、収穫やプロセスも大規模です。地平線まで続くコーヒー農園には圧倒されます。

コーヒーの産出量が世界第1位、世界最大の生産国であり、消費量もEU、アメリカに次いで多いのがブラジルです。1727年にエチオピア原産のコーヒーノキが伝わったのが最初といわれ、東南部のミナス・ジェライス州、サンパウロ州、パラナ州を中心に生産が行われています。機械化が進み生産性が高い大規模農園などで、栽培が盛んで、高級品から手軽に手に入る安価なものまで、品質もさまざまです。

主な品種

・ブルボン
・ムンドノーボ
・カトゥアイ
・カトゥーラ　など

コロンビア
アンデス斜面のプランテーション

世界のバリスタが注目する国です。農園へ行くのに山の尾根の道を通って行ったときは、びっくりしました。山の急斜面にもコーヒーノキが植えられていて、収穫の大変さを想像しました。

ベネズエラ

コロンビア

エクアドル

ペルー

ブラジル、ベトナムに次ぐ世界第3位の生産国。1927年に設立されたコロンビアコーヒー生産者連合会（FNC）という組織が、コーヒーの生産から流通までを管理するほか、品質向上につながるさまざまな取り組みを行って、コロンビアのコーヒー産業を支えています。国土の半分ほどが山岳高原地帯で、土壌、気候ともに栽培に適していますが、斜面が険しいことなどから栽培の多くは小規模農家で行われています。

主な品種

・カトゥーラ
・カスティージョ
・コロンビア
・ティピカ　など

グアテマラ
高地栽培に定評

ベリーズ

メキシコ

グアテマラ

ホンジュラス

エルサル
バドル

私の店では馴染みが深い国ですが、まだ訪れたことはありません。高品質のコーヒーで有名な国で、お客様にもファンが多いです。

国土は日本の3分の1程度ながらコーヒーの生産量は世界第10位ほどに位置します。コーヒー栽培に適した北部平地、中部高地、南部沿岸地帯の大きく3つのエリアがあり、それぞれ違った条件のもとでコーヒーが生産されています。生産者、政府関係者らで運営されるグアテマラ全国コーヒー協会（アナカフェ）があり、品質管理の向上のための農業支援が行われています。大小の農園があり、伝統的な農法で良質なコーヒー豆が生産されています。

主な品種
・ブルボン
・カトゥーラ
・カトゥアイ
・パカマラ　など

コスタリカ

技術革命の国

ニカラグア

コスタリカ

パナマ

私がバリスタの大会で上位に残ることができるようになったのには、コスタリカの生産者とより良い関係が築けるようになった背景があります。何度も訪れ、とても思い入れのある国です。魅力的なマイクロミルがたくさんあります。

中米で最初にコーヒー栽培を行った国といわれています。政府や生産者などによって組織されたコスタリカコーヒー協会がコーヒー産業をバックアップし、高品質な豆の生産に力を入れています。火山灰による豊かな土壌、標高の高さ、安定した気象など栽培に最適な環境が揃っているのも強みです。農園は小規模なものが多く、マイクロミルと呼ばれる生産処理施設があります。農園単独のものや複数の農園の生産処理をしています。

主な品種

- ・カトゥーラ
- ・カトゥアイ
- ・ビジャサルチ
- ・ティピカ　など

エチオピア

アラビカ種の故郷

エリトリア

スーダン

ジブチ

エチオピア

南スーダン

コーヒー発祥の地で、一度は訪れたいと思っています。

ケニア

ソマリア

生産したコーヒーの 30 〜 40 ％を国内で消費するというエチオピア。世界で最も古くからコーヒーが飲まれ、コーヒー発祥の地との説もあります。今も野生のコーヒーノキが自生しています。国土の大部分が山岳地帯で、標高の高いアビシニア高原を中心に、国内の広い範囲で栽培され、そのほとんどが小規模農家で行われています。エチオピアでは普段はおとなしいヤギが食べて興奮した赤い実がコーヒーの実で、それが発見につながったという説があるそうです。

主な品種

・エチオピア在来種　など

ケニア

コーヒー研究財団が活躍

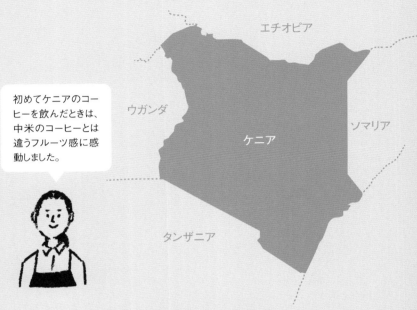

エチオピア

ウガンダ

ソマリア

ケニア

タンザニア

> 初めてケニアのコーヒーを飲んだときは、中米のコーヒーとは違うフルーツ感に感動しました。

コーヒー栽培が始まったのは19世紀末で、アフリカ諸国の中では比較的新しいといえますが、生産者たちにより設立されたコーヒー研究財団が品質向上やPRに積極的につとめ、人気の産地となりました。高品質のコーヒー豆は特に欧米で高い評価を得ています。ケニアは赤道直下に位置します。標高が高く、肥沃な土壌をもち、気候にも恵まれ、コーヒーにとっての栽培適地。小規模農家により伝統的な生産が行われています。

主な品種

・SL28
・SL34
・K7
・フレンチミッション
・ルイル11
・バティアン　など

インドネシア

スマトラ式プロセスが有名

マレーシア

インドネシア

パプアニューギニア

オーストラリア

中米以外で訪れたことのある産地です。私が初めてロブスタ種を見たのはインドネシアで、コーヒーチェリーの生り方の違いに驚きました！

世界第4位のコーヒー生産国です。13000以上もの島々からなるインドネシアには火山も多く、火山灰による肥沃な土壌をもつことからコーヒー栽培に適しています。コーヒーが伝わったのは1700年前後で、ジャワ島にアラビカ種が持ち込まれたのが最初といわれ、今ではスマトラ島を中心に、ジャワ島、スラウェシ島などで栽培が行われています。赤道を挟む土地柄、ほぼ通年コーヒーが収穫され生産処理や処理工程による味覚のバリエーションが楽しめます。

主な品種

・ロブスタ
・ティピカ
・カトゥーラ
・カティモール　など

好みの味わいが決まる

コーヒー豆の品種

コーヒーノキの種のうち、飲用に栽培されているのは主にアラビカ種とカネフォラ種です。

一般的な銘柄の多くが風味のよいアラビカ種で、独特の癖があるカネフォラ種はほとんどが缶コーヒーなどの増量に使われています。

アラビカ種の先祖のユーゲニオイデス種と、リベリア原産のリベリカ種も、押さえておきたい原種です。

ユーゲニオイデス種

カネフォラ種とユーゲニオイデス種の自然交配によりアラビカ種ができたといわれ、近年注目されている。栽培量、輸出量ともに少なく希少な種。

アラビカ種

ブルボン、ティピカ、ゲイシャなどがあり、世界の総生産量の約70％を占める。良質な酸味と優れたフレーバーをもつ。

カネフォラ種

ロブスタ種とも呼ばれる。栽培しやすいが、強い苦みやロブスタ臭といわれる独特の香りがあることから、ブレンドの材料や缶コーヒーなどの増量に利用される。

コーヒーノキ

アカネ科コフィア属の常緑樹。小さくて白い花が一斉に美しく咲き、2日ほどで散ってしまう。実は赤やピンク、黄色など。葉には光沢がある。

リベリカ種

病害虫に弱く、収穫までの手間がかかり、ほかの種と比較して味が劣る。そのため現地用に収穫される程度で、ほとんど流通していない。

コーヒーのランク

品質や流通量によって、一杯の価格
は大きく違います。最高グレードは
スペシャルティ→次いで品質が高い
プレミアム→スーパーなどで手軽に
手に入るコマーシャル→生産地で自
家消費したり安価な缶コーヒーなど
の原料になるのがディスカウント、
です。

スペシャルティコーヒー

最高ランクのコーヒー。栽培から抽
出まで、すべての工程に対して品質
管理されています。

プレミアムコーヒー

限定された生産地で栽培された、比
較的高品質のコーヒーです。

コマーシャルコーヒー

それぞれの生産地で格付けされて、
一般に広く流通しているコーヒー。
品質も幅広くあります。

ディスカウントコーヒー

規格外や生産処理ではじかれたコー
ヒー豆のため、安価で取引されてい
ます。

スペシャルティコーヒーのポイント

• • •

カップクオリティ

生産地ごとに多種多様に異なる
風味は、高品質なコーヒーとして
の評価に欠かせない要素。風
味が優れていることは、豆の品
質管理の評価にもつながります。

トレーサビリティ

豆の履歴（生産地や農園、品
種、生産処理方法など）を追跡
することができるかどうか。生産
情報の透明性が高いことが、品
質の安心・安全につながり、信
頼性をアップさせます。

サスティナビリティ

天候などにより生産量が不安定
な場合でも、生産者が安心して
栽培を持続できるような環境整備
がされているか、必要な支援が
あり生活環境が守られているか、
なども重要です。

ティピカ

------------ 主な生産国 ------------

- ・コロンビア　　・インドネシア
- ・ペルー
- ・コスタリカ
- ・グアテマラ

　爽やかな酸味、甘み、繊細な香りがあり、マイルドな味わいが特徴。病害虫などに弱いため手間がかかり、栽培が難しく、生産量は少ない。最も原種（アラビカ種）に近いといわれる最古の栽培品種。品種改良が進み、世界各地で多くの交配種が生まれており、現在、流通している多くの品種のルーツといえる。豆は細長く、先端がすっきりと尖っている。名前は「標準的な」というスペイン語に由来するともいわれている。

ブルボン

------------ 主な生産国 ------------

- ・ブラジル
- ・グアテマラ
- ・ルワンダ
- ・エルサルバドル

　バランスのよい味わいで、良質の香りとふくよかな甘みがある。病害虫に弱く、収穫が隔年のため流通量は多くない。完熟すると黄色くなる「イエローブルボン」などもある。比較的多くの国で栽培されている。豆は小粒で、長方形に近い形をしている。ティピカの突然変異種ともいわれ、ブルボン島（現レユニオン島）に渡った木が起源とされることが名前の由来にもなっている。

エチオピア原種

··········· 主な生産国 ···········

・エチオピア

ジャスミンやレモン、紅茶のような風味をもつものも存在する。「エチオピア原種」とは特定の品種をさすのではなく、エチオピアに原生している原種のままの品種（3000種以上と言われている）の総称。「Heirloom（ヘアルーム／エアルーム）」とも呼ばれる。有名な品種に「ゲイシャ」がある。

ゲイシャ

··········· 主な生産国 ···········

・エチオピア
・パナマ

柑橘系の華やかな風味、複雑で繊細、個性的な味わいが特徴。エチオピア原種のひとつで、他の品種と比べて栽培が難しく希少な品種。限られた地域でしか栽培されていないが、2004年にパナマ産のゲイシャ種が高値で取引されたことがきっかけで有名になり、栽培国は増えている。スペシャルティコーヒーの世界でも注目を集めており、細長い豆の形が特徴的。エチオピアのゲシャという地域に自生していたのが名前の起源といわれる。

カトゥーラ

-------- 主な生産国 --------

・グアテマラ　　・インドネシア
・コスタリカ
・ホンジュラス
・ブラジル

　軽やかな甘さ、ライトな味わい、豊かな酸味がある。「カトゥーラ」は、南米の先住民グアラニーの言語で、「小さい」を意味し、「カツーラ」ともいわれる。小ぶりの木で、木と木の間隔を少なくして、よりたくさんの木を作付けすることが可能。樹高も低いので収穫の手間が少ない。環境に適応しやすい品種で、さび病への耐性も強いため、収穫は隔年だがブルボンよりも収穫率は高い。中米各地で栽培される人気の品種。豆の形がいびつで、片方の先がやや尖っている。

SL28、SL34

-------- 主な生産国 --------

・ケニア

　ケニアがかつてイギリスの支配下にあった時代に設立されたスコット農業研究所（Scott Agricultural Laboratories：現ケニア国立農業研究所）の頭文字から「SL」が名前につけられた。ここで研究した多くの品種の中から選別された高品質の2種。SL28はベリー系のフルーティーな風味が特徴。乾燥に強く標高の高い場所に向くため生産性が高い。SL34は苦みと酸味と甘みのバランスがよいのが特徴。高地での栽培に適していて、SL28より収穫量が多い。

パカマラ

------------ 主な生産国 ------------
・エルサルバドル
・グアテマラ

軽い酸味と甘さ、苦み、しっかりした風味がある。エルサルバドルの国立コーヒー研究所が 20 年以上かけて開発した品種で、ブルボンの突然変異種であるパーカスと、ティピカの突然変異種であるマラゴジッペを交配させたもの。パーカスの「パカ」と、マラゴジッペの「マラ」から名前がつけられた。それぞれのよい特徴が生かされ品質が高い。生産量や流通量は少なく、希少な品種とされる。マラゴジッペから受け継いだ大粒の豆が特徴。

その他の品種

・モカ
・ビジャサルチ
・パカス
・シドラ
・スーダンルメ
・ジャバ
・ラウリーナ　など

味わいを決める

03 生産処理方法

　豆の生産処理とは、収穫した果実（コーヒーチェリー）を生豆に加工するまでの工程のことで、どの方法で処理するかによってコーヒー豆の味わいが変わり、品質にも影響します。生産地によって処理方法はさまざまで、自前の生産処理場を持つ生産者もいれば、ステーションと呼ばれる拠点に処理をまかせる生産者もいます。

　処理方法は大きく分けて3つあります。「ナチュラル（乾燥式）」と「フリイ・ウォッシュド（水洗式）」の2つは伝統的な製法。ブラジルで開発された「パルプト・ナチュラル」はその2つの折衷型といえる独特な製法です。

　その他、「パルプト・ナチュラル・デスムシラージ」「スマトラ式」「アナエロビック」という処理方法もあります。

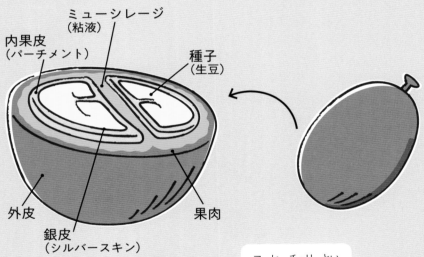

ミューシレージ
（粘液）

内果皮
（パーチメント）

種子
（生豆）

外皮

銀皮
（シルバースキン）

果肉

コーヒーチェリーという果物の中にある種子を乾燥させてできたものがコーヒー豆です。

基本のプロセス

ナ チ ュ ラ ル

コーヒーチェリーを 10 日〜 30 日ほど天日乾燥した後、果肉と内果皮を一度に脱穀して種子を取り出すシンプルな方法。腐敗することもあり、状態を見極めるのは難しい。濃厚な甘さやフレーバーが特徴。

パ ル プ ト ・ ナ チ ュ ラ ル

機械にかけて外皮と果肉を除去したあと、ミューシレージ（粘液）を一部残して乾燥させる方法。「ハニープロセス」とも呼ばれる。外皮や果肉を除去するので腐敗を少しでも防ぐことにつながる。

フ リ イ ・ ウ ォ ッ シ ュ ド

機械にかけて外皮と果肉を除去したあとに、水槽に入れて残っている果肉やミューシレージを分解。水洗いしミューシレージまで除去してから乾燥させる。完全にミューシレージのない状態の乾燥であり、均一な仕上がりになる。

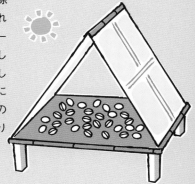

生産処理方法①

ナチュラル

主な生産国
・ブラジル
・エチオピア　など

　コーヒーチェリーを天日乾燥させて水分を抜き、黒っぽく変色して硬くなった果肉と内果皮を脱穀します。大がかりな設備がいらないシンプルな製法ですが、手作業で行う場合は何度も撹拌して天日で均一に乾燥させる作業の負担が大きく、また腐敗が進むと風味が落ちるなどの難点もあります。天候に左右されやすく、乾季がはっきりしている地域で行われています。大型ドライヤーで熱風を当てる機械乾燥を行うこともあります。

① 乾燥

コーヒーチェリーをコンクリートの床や、高床の乾燥棚（「アフリカンベッド」と呼ばれ、風通しがよくムラなく乾燥できる）に広げて天日乾燥させる。全体が均一に乾くように、一定時間ごとに転がす必要がある。

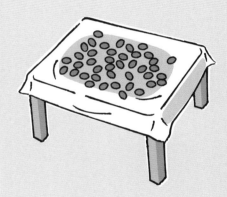

② 脱穀

乾燥させたあとのコーヒーチェリーを脱穀機にかけ、種子の周囲の果肉と内果皮を除去し、種子のみを取り出す。品質保持のため出荷直前に行うことが多い。

生産処理方法②

パルプト・ナチュラル

主な生産国
・コスタリカ
・ブラジル　など

　外皮と果肉を除去した後、ミューシレージを一部残して乾燥させる方法です。ナチュラルとフリイ・ウォッシュドのよいところを取り入れた製法といえます。ミューシレージを残す割合によって「ホワイトハニー（フリイ・ウォッシュドに近くすっきりした味わい）」「イエローハニー」「レッドハニー」「ブラックハニー（ナチュラルに近い深みのある味わい）」に分類されます。ナチュラルやフリイ・ウォッシュドに比べて流通量は多くありません。

① フローター選別

コーヒーチェリーを水槽（フローター）に入れると、重い完熟豆が沈む。浮かんだ未成熟豆や過熟豆、不純物をこの段階で取り除く。

② パルピング

パルパーという機械で、収穫した果実から外皮と果肉を除去。

③ 天日乾燥

ミューシレージの残った状態のまま乾燥させる。

④ 脱穀

脱穀機にかけて内果皮を除去し、種子のみを取り出す。

ミューシレージの量

・ホワイトハニー
・イエローハニー
・レッドハニー
・ブラックハニー

少

多

ミューシレージの残った量で乾燥時の状況が変わり味わいも変化します。

生産処理方法③

フリイ・ウォッシュド

主な生産国
・ケニア
・エルサルバドル　など

　多くの量をなるべく均一なクオリティで仕上げることができます。大量の水を使うため、水資源が豊かな地域に向いています。発酵させたり水洗いしたりするなど、ナチュラルに比べて工程が多く、大がかりな設備が必要ですが、世界では生産性が高いこの処理方法が一般的になっています。一方で大量の廃水が出てしまうという課題もあります。

① フローター選別

コーヒーチェリーを水槽（フローター）に入れると、重い完熟豆が沈む。浮かんだ未成熟豆や過熟豆、不純物をこの段階で取り除く。

② パルピング

パルパーという専用の果肉除去機を使い、コーヒーチェリーの外皮や果肉を取り除く。このときに出る除去物は栽培用の肥料や燃料などに再利用されることが多い。

③ 水槽につけて発酵

粘液質であるミューシレージがついた状態の豆を半日から2日ほど水槽（発酵槽）に漬け、発酵させてミューシレージを分解させる。定期的に撹拌し、その後、水路などで完全にミューシレージを洗い流す。

④ 乾燥

天日干しで十分乾燥させる。機械乾燥することもある（両方を組み合わせる場合も）。果肉などが除去されているため、乾燥に必要な日数は数日〜1週間程度。

④ 脱穀

脱穀機にかけて内果皮を除去し、種子のみを取り出す。

その他の生産処理方法

パルプト・ナチュラル・デスムシラージ

パルパーで外皮と果肉を除去し、機械で強制的にミューシレージを除去する製法で、その後、乾燥させます。果肉をすべて除去するためフリイ・ウォッシュドに近い仕上がりになり、水量を削減できるのが利点です。パルプト・ナチュラルよりクリアで、フリイ・ウォッシュドに近い風味が出るといわれます。

スマトラ式

果肉を除去し、ミューシレージがついたまま一度乾燥させますが（予備乾燥）、まだ湿った状態で内果皮を脱穀します。その後、また乾燥させる（本乾燥）製法です。乾燥を二度に分けることで時間がそれぞれ短くなり、雨の多い地域に向いています。インドネシアのスマトラ島で生まれました。風味や香りが独特だといわれます。

アナエロビック（嫌気性発酵）

これまでのプロセスにも微生物や発酵が関係していますが、それをさらに進化させた新しい製法です。収穫したコーヒーチェリーをそのままか、皮をむいてタンクに入れ、蓋をします。むいた皮も一緒に入れる場合が多いです。蓋をすることで酸素のない状態が作り出され、チェリーについた微生物が活性化して発酵を促します。

コーヒーチェリーの外側にも内側にも、またコーヒーノキの育つ土壌にも無数の微生物が生息しているため、その土地によってできあがるコーヒーの味も異なります。できあがったコーヒーには複雑で甘酸っぱいような独特の風味が生まれます。発酵時間はいろいろあり、乳酸が生まれるほどの長時間にわたり発酵させる方法もあります。

風味を決める

焙煎度合い

焙煎（ロースト）とは、生豆を煎る工程のことです。生豆を加熱することで、風味豊かなコーヒー豆になるのです。火のかけ方や煎る時間によって豆の色はもちろん、風味や苦みや酸味、甘みなどが変化します。煎る時間が短い「浅煎り」では酸味が強くなり、時間が長い「深煎り」では苦みが強くなります。

甘みは豆の中の糖がカラメル化することでほのかに生まれ、中煎りで強くなり、深煎りでは減少します。

苦 み

弱 ─────────────── 強

酸 味

強 ─────────────── 弱

浅煎り　　　中煎り　　　深煎り

焙煎度の種類

焙煎度は「浅煎り」「中煎り」「深煎り」の大きく3つに分けられ、味わいの違いによって、さらに8段階に分類されています。飲み比べをして好みの焙煎度合いを見つけましょう。

浅煎り

ライトロースト

酸味が強くて青臭さがあり、香りなども不十分な場合が多い。うっすらと色がつき始めた程度の状態。

シナモンロースト

酸味が強く苦みはない。焙煎後の豆の色がシナモンの色に近いことから名づけられたといわれる。

中煎り

ミディアムロースト

まだ苦みは少なく、まろやかな酸味が主体。スペシャルティコーヒーに最も多い焙煎度合い。

ハイロースト

爽やかな酸味があり、苦み、甘みのバランスがよく、口当たりがやわらか。一般的に販売されているコーヒーに多い。

シティロースト

苦みが強く、酸味もある。ハイローストと同様にレギュラーコーヒーや喫茶店に多い。

深煎り

フルシティロースト

苦みや香ばしさが強くなり、酸味は弱く、アイスコーヒーに多く使われる。豆の表面に油がにじみ、色はダークブラウンに。

フレンチロースト

酸味はわずかで、苦みが際立つ。コーヒーの味が強く、ミルクに負けない苦みはカフェオレなどに合う。

イタリアンロースト

酸味はほぼなく、苦みが濃厚で豆を焦がしたような香ばしさがある。豆の色は黒に近い。

05 豆の挽き方

抽出方法は粒の大きさで決まる

豆を自分で挽き、自分だけの一杯を淹れてみましょう。挽き方は抽出する器具に合わせることも大切なので、まずは手持ちのミルや抽出器具の特性を把握します。挽いた粒の大きさ（粒度）が細かいほどお湯と接する面積も広く

なるので、苦みや酸味、色も出やすくなります。風味を落とさないために挽くときに注意したいのは摩擦熱を起こさないこと。手動でも電動でもじっくり時間をかけて豆を挽き、豊かな香りを楽しみましょう。

淹れる直前に必要な分だけ

豆は挽いてすぐに酸化が始まり、香りも抜けて劣化していきます。一回分を、淹れる直前に挽くようにします。

粒の大きさを均一に

挽いた粒の大きさを揃えることで、抽出が均一になり、風味豊かな味わいになります。

使う器具とのバランスで

豆の成分を十分に抽出し美味しく淹れるためには、抽出器具によって挽き目を変える必要があります（右ページ参照）。

挽き方と抽出方法

① 細挽き

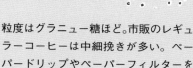

〈適した抽出器具〉
マキネッタ
エスプレッソ

粒度は上白糖とグラニュー糖の間くらい。粒度が細かいため、成分が抽出されやすく、濃いめの味わいに。マキネッタや、エスプレッソに向く。

② 中細挽き

〈適した抽出器具〉
ペーパードリップ
コーヒーメーカー

粒度はグラニュー糖ほど。市販のレギュラーコーヒーは中細挽きが多い。ペーパードリップやペーパーフィルターを使用するコーヒーメーカーに向く。

③ 中挽き

〈適した抽出器具〉
サイフォン
ネルドリップ
ペーパードリップ

粒度はザラメ糖とグラニュー糖の間ほど。サイフォンやネルドリップ（布ドリップ）に適しているが、味わいの調整具合でペーパーフィルターにも使用する。

④ 中粗挽き

〈適した抽出器具〉
金属フィルター
ナイロンメッシュ
フィルター

粒度は小さいザラメ糖ほど。細かいと目詰まりしてしまう、金属フィルターやナイロンメッシュフィルターに向いている。

⑤ 粗挽き

〈適した抽出器具〉
フレンチプレス
パーコレーター

粒度はザラメ糖ほど。粉をお湯に漬けて抽出するフレンチプレスや、アウトドアなどで人気の循環式のパーコレーター（直火にかけて高温で抽出する）に適している。

抽出方法は2章で紹介します。

上手に挽くために知っておきたい

ミルの種類と特徴

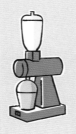

電動タイプ

まとまった量を
スピーディーに挽く

短時間で簡単に、また一度に
大量の豆を挽くことができ
る。「粉砕・すりつぶす・刻む」
の3タイプがある。

特 徴
手早く、簡単に豆を挽きたい人におすすめ

電動のため、手軽に使用できる。1日
に何杯も淹れたいという人に向いてい
る。メンテナンスのしやすさも購入の
ポイントに。

手動タイプ

円錐状の歯で
臼のように豆を挽く

一度に挽ける量が少なく、一杯
分の豆を挽くのに2〜3分かか
るが、ゆっくりコーヒーを楽し
みたい人におすすめ。電動に比
べ摩擦熱を抑えられるので、粉
の風味を楽しめる。

特 徴
アンティーク調のものなど種類はさまざま

ハンドルを回し、手動で豆を砕く。速
度が変わると挽き目が不均一になるの
で一定の速度で回すのがコツ。

挽いたあとに味わいをコントロール

手持ちのミルで挽いて、微粉が気になる場合は、コーヒー用のふるいや茶こしで除去することもできます。除去することで味わいに変化をつけることもできますが、微粉も味わいのひとつなので、取りすぎないほうがよいでしょう。

こまめな手入れが次の一杯を美味しくする

電動タイプ、手動タイプともに、一度豆を挽いたら、そのつどミルをきれいにしましょう。粉がついたままにしておくと油分が酸化してしまい、次に豆を挽いたときの風味を落としてしまい

ます。また、手入れを怠ると目づまりして刃が動かなくなってしまうことも。刃が洗えるもの以外は、乾いた布などで拭き取るといいでしょう。

電動タイプ

専用のブラシで
微粉を取り除く

手動タイプ

軽くトントンと叩いて、
カスを落とす

コーヒー豆は鮮度が命

06 豆の保存方法

　美味しいコーヒーを飲むためには、豆の保存方法に注意して劣化を防ぎ、鮮度を保つことが必須です。劣化の要因は主に３つ。①酸素や湿気に触れること→酸化して味が損なわれてしまう。②光に当たること→香りや風味が落ちる。③熱を受けること→酸化が早まり、香りやアロマが抜けてしまう。この３つを避け、できるだけ鮮度を保つには、密閉性の高い容器に入れ、光が当たらず、高温多湿を避けた場所で保存することが基本です。

鮮度を保つ条件

- 風通しがよい

- 直射日光が当たらない

- 高温多湿を避ける

- 温度が一定

- 酸素を遮断する

焙煎してから

豆の品質を維持できる期間（美味しく飲める期間）は、焙煎してから粉は1か月、豆は3か月が目安。未開封で、すぐに飲みきれる量であれば常温保存でOK。

長期保存したい場合

小分けにして密閉を

ジッパーつきの保存袋など、小分けにして入れると、使う分だけを取り出すことができ、酸素や湿気に触れる回数を減らすことができます。空気はしっかり抜きましょう。

冷凍庫で保存を

保存袋に入れたら冷凍庫に入れます（出し入れの影響を受けないように、できるだけ奥へ）。劣化を遅らせ、香りや味わいを保つには、冷凍庫保存が適しています。

使うときは常温に戻して

冷凍のまま豆を挽いたり、抽出したりすると、味や香りが薄くなりがちなので、室温に置いて常温に戻してから使いましょう。

check

焙煎してから
3〜5日後がおいしい？

• • •

焙煎したてが一番！という意見もあり、3〜5日ほど間を置いて、豆が落ち着いてからがよいという意見もあります。飲み頃は豆の種類や焙煎度合いによっても変わるので、一概にはいえません。

07 デカフェ

カフェインなしのコーヒー

　カフェインの影響を抑えながらコーヒーを楽しめる「デカフェ」。カフェインを除去しつつ、アンチエイジングやダイエット効果、糖尿病の予防、血糖値の上昇抑制が期待できる「クロロゲン酸」（ポリフェノールの一種）は残っています。また、香りによるリラックス効果も得られるので、健康志向が高まるにつれ、デカフェにも注目が集まっています。美味しくないとの評価もありますが、品質の良いものは差をあまり感じずに飲むことができます。

「カフェイン」の含有量で変わる種類

デカフェ

カフェインを含む飲食物からカフェインを取り除いたもの、または通常はカフェインを添加する飲食物（コーラなど）に添加しないことを指します。

カフェインレス

カフェインを取り除いたデカフェに対し、カフェインレスはもともと含有量が少ないものを指します（含有率が 0.1%以下に抑えられたもの）。

ノンカフェイン

麦茶やルイボスティーなど、原料にカフェインがまったく含まれていないものを指します。カフェインの摂取に注意が必要な妊婦さん向きです。

ステキ♥

カフェインとは？

コーヒー豆や紅茶、カカオなどに多く含まれる苦み成分「アルカロイド」の一種。飲むと目が覚めるのは、眠気を抑制する覚醒作用、疲労感を抑える興奮作用のためで、コーヒーが朝の一杯に向いているゆえんです。

デカフェのメリット

カフェインの
過剰摂取を避ける

過剰に摂取すると健康に影響が出る場合もあるコーヒー。やさしい味のデカフェに置き換えれば、カフェインの摂取量を減らすことができます。

夜、寝る前でもOK

デカフェであれば、寝る前に飲んでも眠れないということはありません。時間を気にせずに飲め、リラックス効果でよい睡眠も得られます。

check

カフェインの少ないコーヒーノキ

・・・

通常より70%ほどカフェインが少ないコーヒーノキの栽培が進んでいるそうです。カフェインが少ないだけで、風味は変わらず豊かなのが特徴です。

SNSで見つけた

あの人の楽しみ方①

「道具を楽しめること」が最大の魅力

コーヒーの世界は広く、深く、尽きぬ楽しみにあふれていますが、プロダクトデザインを学んでいることもあり、特にコーヒー器具の機能美に魅せられています。使いやすい形であるのはもちろん、使っていないときのたたずまいまで非常に美しく、素材や色の違い、デジタルとアナログの違いなど、ポイントになる要素もさまざまです。そのなかから好みの器具を選び出すことも楽しく、選んだ器具を使うことで、コーヒーがどう変化するのかを探るおもしろさも味わうことができます。

最近はサービスや仕組みなどの「コト」に注目が集まり、少々「モノ」自

手塚奏汰さん
（Twitter：@osamu_coffee
Instagram：@osamu_1211）

高校時代にコーヒー器具の魅力に引き込まれ、将来は自分が器具をデザインしたいと思うようになり、多摩美術大学に入学する。コーヒーを絡めながら作品を制作することが多く、楽しみながらプロダクトデザインを学んでいる。現在はコーヒー屋にデザイナー兼バリスタとして協力しており、日々コーヒーに携わり経験を積んでいる。

体の価値が軽視されている風潮があるようです。そんななか、手になじむ形や、手入れのしやすさなど、「モノの価値」「モノの良さ」を素直に実感させてくれるのがコーヒー器具。モノを大切に所有する喜びも教えてもらっています。

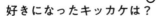

好きになったキッカケは？
高校生のとき、祖母が贈ってくれたコーヒーの粉がきっかけ。淹れ方を調べるうちに魅力にはまっていきました。

- - - - - - - - - - - - - - - - -

コーヒールーティーン教えて！
朝に淹れて大学に持参し、授業の合間に一服。コーヒーを淹れる数分間で心が穏やかになり、リフレッシュできます。

大学入学前に描いたドリップケトルの鉛筆デッサン。素材らしさにこだわって描きました。

100枚以上描く課題の
モチーフにもコーヒー器具を

大学で「同じものを、表現を変えながら
100枚以上描く」という課題が出たとき
に、愛用しているカリタのステンレスケト
ルをモチーフに選びました（写真上、右）。
それがきっかけで、普段は気に留めていな
かったケトルの細かな部分にまで目が行
き、描き進めるなかで「ドリップケトルで
あることを認識させるのはどの部分なの
か」など視点を変えて探る楽しみも膨らみ
ました。その後、課題はいつもコーヒーと
絡めて、が定番になっています。

好みの味は？

毎日飲みたくなる心地良さを与
えてくれる味…豆の個性を残
し、適度なロースト感のある中
浅煎りが好みです。

今後やってみたい飲み方

成人したのでお酒入りのアレン
ジコーヒーを楽しみたいです
ね。手作りのカップで飲む、と
いう夢もあります。

コーヒー器具の放つ反射。使っていないとき
のたたずまいも美しさの魅力。

ストローで吸って飲めるお手製のコーヒーゼ
リー。豆の個性を生かすためのコーヒーの抽
出、糖分の量がポイントです。

coffee time

Part 02

美味しいコーヒーを
淹れよう

まず押さえたい、ペーパードリップから
ていねいに。器具選びや、さまざまな
淹れ方もご紹介。

自分でコーヒーを淹れてみよう

75

01 コーヒーの抽出方法
淹れ方の三原理

「コーヒーを淹れる」とは、コーヒー豆に含まれている成分を、お湯や水にしっかり溶かして抽出すること。抽出方法には、透過式、浸漬式、加圧式の3タイプがあります。同じ器具を使って淹れても、お湯の温度や粉の量、抽出時間によって味わいが変化します。

透過式

ペーパードリップが
透過式に当たります。

ドリッパーにペーパーフィルターとコーヒーの粉をセットし、お湯を注いで抽出する方法です。コーヒーの成分がお湯に溶け出し、ゆっくりと落ちていきます。豆の量、お湯の注ぎ方、抽出時間は淹れる人の好みで変えることができます。ドリッパーは、メーカーによって形状や穴の数などに違いがあり、味わいも変わります。

浸漬式

浸漬式にはフレンチプレス、 サイフォンが該当します。

専用器具にコーヒーの粉とお湯を入れ、浸けて抽出する方法です。日本では紅茶用としておなじみですが、もともとはヨーロッパでコーヒーの抽出用に開発されました。ペーパーフィルターを使わないのでコーヒーオイル（91 ページ参照）がしっかりと抽出され、香り豊かです。シンプルな手順なので、誰が淹れても味にブレがありません。

加圧式

エスプレッソマシンが加圧式です。 エアロプレスは、 浸漬式と加圧式の間の抽出方法です。

専用の器具に細挽きのコーヒーの粉をセットし、圧力をかけたお湯を通して 20 〜 30 秒という短時間で抽出する方法です。カフェでお馴染みのカプチーノやカフェラテのもとである、エスプレッソを淹れることができます。器具には直火式のマキネッタや、電気式のエスプレッソマシンなどがあります。

77

02

最もポピュラーな淹れ方
....

ペーパードリップ（透過式）

　人の手でお湯を注ぐペーパードリップは、日本で最も親しまれている手軽な抽出方法です。コーヒーはとてもデリケートな飲み物なので、豆、お湯の温度や量、時間などの微妙な加減が味わいに影響します。味の決め手となる4つのポイントを押さえておきましょう。

POINT 1　豆選びと計量

お好みのコーヒー豆を見つけたら、抽出したい量（人数分）に合わせて豆の重量を量ります。粉1に対して、お湯16～18の割合です。豆は、焙煎度合いによっても密度が異なるため、スケールを使ってきちんと量ります。

POINT 2　豆の挽き具合

細挽きは粒が細かく隙間が少ないため、お湯の透過に時間がかかり、濃いコーヒーに。粒が粗い粗挽きはお湯の通りがよく、薄めのコーヒーになります。初心者が淹れやすいのは中粗挽き～中挽き。徐々に好みの挽き具合を見つけていきましょう。

中挽き

POINT 3 お湯の温度と量

コーヒーの味と風味を十分に引き出すには、90℃以上のお湯がベストです。温度計で確認し、最後まで一定の温度を保つようにしましょう。また、お湯の量をスケールで量り、適切な量を注ぐことも大切です。

POINT 4 時間を計る

短い時間で淹れると爽やかに、長くなればなるほど苦いコーヒーになります。最初の蒸らし時間、2湯目以降を注ぐタイミングは、タイマーで計りながら淹れていきましょう。

check

ペーパードリップの流れ

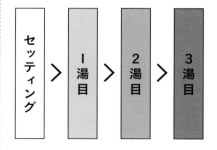

セッティング ＞ 1湯目 ＞ 2湯目 ＞ 3湯目

ペーパードリップでは、3回に分けてお湯を注ぎます。
1湯目＞全体の20%まで
2湯目＞全体の70%まで
3湯目＞残りの10%
2分〜2分30秒で注ぎ、3分くらいでお湯を落としきります。

必要な器具

　初めての人でも手軽に美味しいコーヒーが淹れられる、ペーパードリップ。お湯を注ぎ、コーヒーの粉から立ちのぼる香りに包まれるひとときも、ペーパードリップの魅力です。まずはここで紹介する器具を揃えて、基本的な淹れ方をマスターしましょう。

・ドリッパー

さまざまな形、素材があり、構造が異なるので、抽出するコーヒーの味わいも変化します。まずは気に入ったものを選びましょう。素材は、丈夫さでいえばプラスチックがおすすめ。陶器は、雰囲気はよいのですが割れることもあり、冬場はとても冷たくなります。ほかに、ガラスや磁器、金属のものもあり、1〜2人用、2〜4人用など大きさの違いもあります。

種類が多いので、好みの見た目で選ぶのもひとつの手。

※ドリッパー＆フィルターは、96ページから詳しく紹介しています。

・フィルター

ペーパーフィルターは使い捨てなので、毎回新しく清潔なフィルターをセットします。ドリッパーの形に合ったペーパーフィルターを用意しましょう。大きく分けると円錐形型、台形型、ウェーブ状の3タイプがあり、それぞれ美味しく淹れるための工夫がなされています。

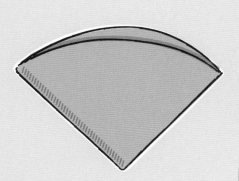

淹れるコーヒーの量に合わせて1～2人用、2～4人用などを用意しましょう。

・タイマーつきスケール

コーヒーを美味しく淹れる第一歩は、コーヒー豆とお湯の量をきちんと量ること。コーヒースプーンではなくきちんとスケールで計量し、抽出時間を計って淹れたコーヒーは驚くほど美味しいものです。コーヒー専用のスケールは 0.1 g単位で量ることができ、タイマーもついています。

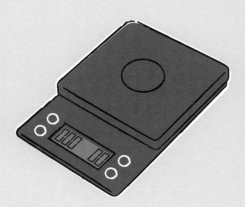

キッチンスケールとタイマーでも代用できます

81

・ドリップケトル

注ぎ口が細いため、注ぐお湯の量、
お湯を落とす場所をコントロールす
ることができます。調節しづらいや
かんではなく、ドリップケトルをぜ
ひ用意しましょう。

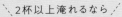
2杯以上淹れるなら

・サーバー

カップに直接ドリッパーをセットす
ることもできますが、一度に何杯か
淹れるときにはサーバーで受けるの
が便利です。ドリッパーと同じメー
カーのものだと、ぴったりとセット
できて安定します。

揃えてもっと楽しい！

・ ミル

ミルは刃の種類によってタイプがあります。手動・電動のどちらにも使われているのがコニカル式という、円錐形の刃で豆を粉砕するタイプ。2枚の刃で豆を粉砕するのが、フラット式。プロペラ式は、プロペラ状の刃を回転させて豆を粉砕します。

好きなタイプを選んで良いですが、挽き目が均一に挽けるものにしましょう。

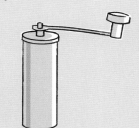

・ コーヒーふるい

コーヒー豆を挽くと、どうしても微粉が生じてしまいます。微粉はパウダー状なので、取り除くにはコーヒー用の目の細かいふるいが便利です。微粉を取り除いた豆で淹れるとすっきりとした味わいになります。

・ 温度計

コーヒーを淹れるお湯の温度は、味わいや風味に大きく影響します。いつも一定の仕上がりにするためにも温度計で温度を確認することが大切です。ドリップケトルに取りつけられるものや、温度計つきのケトルなどもあります。

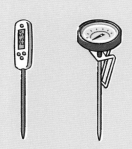

ハリオ式ペーパードリップの淹れ方（1杯分）

STEP 1

セッティング

豆を挽く

スケールで12gをきっちり量ってからミルで挽く。味が安定しやすい中挽きから試すのがおすすめ。

中挽きは
これくらい

STEP 2

フィルターを折る

縫い目を折ることで、ドリッパーにしっかりフィットする。

材料　豆…12ｇ、お湯…200g（1：約17）　挽き目…中挽き
注湯のポイント…1湯目は、スケールが40gになるまで、2湯目は140gまで、3湯
　　　　　　　目で残りすべてを注ぐ。

STEP 3

フィルターをセット

STEP 4

器具を温める

ドリッパーとサーバーにお湯を通して、まんべんなく濡らし
て温める。サーバーのお湯を捨て、スケールの上に置く。

STEP 5

粉を入れる

粉を入れたら、均等に抽出するためにドリッパーを軽くトントンとたたいて、粉の表面を平らにならす。スケールの目盛りを 0 にする。

STEP 6

| 1湯目 |

お湯を注ぐ（1湯目）

粉の中心部にドリップケトルの口を近づけ、小さな円を描くようにお湯を 40g（全体の 20％）回しかける。同時にタイマーをスタートする。

POINT

ドリッパーの壁面に当たらないように静かに

STEP 7 蒸らす

40秒、じっくりと蒸らす。粉に含まれる炭酸ガスがぷくぷくと出てくる。

STEP 8 お湯を注いで蒸らす（2湯目）

2湯目

2湯目は100g（スケールの目盛りが140gになるまで）注ぎ、お湯が落ちるのを20秒待つ。

蒸らし中

STEP 9

3湯目

お湯を注いで蒸らす（3湯目）

3湯目は 60g（スケールの目盛りが 200g になるまで）注ぐ。2 分
～2 分 30 秒までに注ぎきるのがポイント。

蒸らし中

STEP 10

お湯が落ちるのを待つ

ドリッパーからお湯がすべて落ちきるまで 30 秒～1 分ほど待ち（タ
イマーが 3 分くらいまで）、ドリッパーをサーバーから外す。

STEP 11

サーバーを撹拌

スプーンなどで混ぜて、濃度を均一にする。

∴∵ できあがり！ ∵∴

透明感のある仕上がり。コーヒーオイルは少なめ。
できあがり量は 160g。

素朴な疑問に答えます

ペーパードリップ Q&A

Q お湯を注ぐときのポイントはなんですか？

A 1湯目を注ぐときは、粉の中心に10円玉くらいの大きさの円で、ゆっくりと回し淹れます。時計回りでも反時計回りでもかまいません。2湯目からは、粉全体にお湯を浸透させるイメージで少し面積を広げて注いでいきます。

Q 1湯目を注いだときに、モコモコと膨らんでこないのですが…？

A モコモコするのが美味しい淹れ方だと思っている方が多いようですが、必ずしも正解ではありません。そもそもモコモコと膨らむのは、コーヒー豆に含まれている炭酸ガスが出てくるから。つまり、挽きたてならよく膨らみますし、ある程度の時間が経っていると炭酸ガスが抜けて、膨らみが小さくなります。この変化から、モコモコするほうが新鮮で、モコモコしないのは新鮮ではないという理解につながっているのではないかと考えられます。ただ、浅煎りの豆には炭酸ガスが少ないため、新鮮な豆でも期待したようには膨らみません。反対に深煎りの豆は炭酸ガスが多いため、お湯を注ぐとモコモコと膨らみます。ですから、膨らみよりも、お湯がしっかりと全体にかかるように気をつけるとよいでしょう。

Q コーヒーの味が一定になりません。原因や気をつける
ことは？

A コーヒー豆の挽き具合と重量、お湯の温度・量、抽出時間などがい
つも同じであれば、味は一定になるはずです。「いつもこのくらい」
と見た目や自分の感覚で淹れることもできますが、その方法で一定
の味にするのは難しいです。スケールと温度計、タイマーで計りな
がら淹れることが、一定の味を作るコツです。

Q コーヒーオイルとはどんなものですか？ 摂取しても
良いのですか？

A コーヒー豆は、コーヒーノキという植物の種子なので、オイル（油
脂）を含んでいます。このオイルが抽出されたものがコーヒーオイ
ルです。油脂のため、抽出することで口当たりのまろやかさ、丸み
などが生まれ、風味の成分も含まれているので、よりコーヒーの風
味を感じることができます。浅煎りの豆でも深煎りの豆でも、コー
ヒーオイルの量に差はありませんが、深煎りの場合は、焙煎を長く
行うことで豆の中の細胞壁が壊れ、淹れる前からコーヒーオイルが
豆の表面に出てきます。新鮮なコーヒー豆（焙煎してからの期間が
短い）であれば、摂取してもかまいませんが、空気に触れることに
よって酸化も早まりますので、古い豆で淹れた場合、敏感な人は胃
もたれを起こすことがあります。コーヒー豆は生鮮食品と考えると
よいでしょう。

ペーパードリップで淹れる
··

アイスコーヒー ①

アイスコーヒーは氷で薄めるため、ホットコーヒーの倍量の粉を使って濃いめに抽出します。使う豆は浅煎りから深煎りまで、どれでも楽しめるのでお好みで選んでください。ホットでお好みの豆なら、アイスコーヒーにしてもきっと気に入るはずです。挽き目はホットのときよりも細かめに。

必要な器具 ※ホットのペーパードリップと同様

- ドリッパー
- ペーパーフィルター
- ドリップケトル
- タイマーつき
  スケール
- サーバーまたはカップ
  （氷を入れる器）

淹れ方と湯量の目安

時間	湯数	お湯の量
スタート	1湯目	20g
40秒	2湯目	50g（総重量70g）
1分	3湯目	30g（総重量100g）

美味しく淹れるコツ

材料　豆…12g、お湯…100g（1：約8）　氷…100g　挽き目…細挽き～中挽き

サーバーに
氷を入れる

サーバーに氷を入れて、抽出したコーヒーを急冷します。

STEP
2

撹拌する

コーヒーを抽出したら、まんべんなく混ぜて、味を調えます。冷たさが足りないときは、ここに氷を足してもよいし、氷を入れたグラスにコーヒーを注いでもOKです。

水出し＝コールドブリュー

アイスコーヒー ②

　コーヒーポットの中にあるストレーナーに粉を入れ、水を注いで冷蔵庫に入れておくだけでできあがるアイスコーヒー。時間はかかりますが、まろやかな、すっきりした味わいのアイスコーヒーが楽しめます。一日に何杯も飲みたいときや、マイルドな口当たりが好きな人におすすめの淹れ方です。

必要な器具

•コーヒーポット

持ち運びしやすいタンブラー型のほか
500ml 〜 1L 以上のサイズがあります。

•ドリップケトル

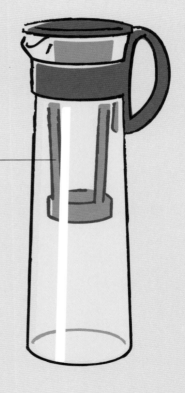

ストレーナー ─────
コーヒーの粉を入れる
メッシュ状の入れ物

挽き目は中粗挽きがお
すすめです。

美味しく淹れるコツ

材料（1Lのポットの場合）　豆…80〜90ｇ、水…1000g（1：約12）　挽き目…中粗挽き

STEP 1

まずは粉を
湿らせて

常温の水を回し入れながら、粉を湿らせます。ストレーナーからまんべんなくコーヒーが染み出てくるのが目安です。粉全体が湿ったところで、残りの水を注ぎ入れます。

STEP 2

粉を撹拌して
から冷やす

冷蔵庫に入れて冷やす前に、粉の抽出が均一になるように、軽く混ぜておきましょう。約8時間で飲み頃になります。ストレーナーを外して保存します。

95

ドリッパー＆フィルターいろいろ

ペーパードリップに欠かせないドリッパーとフィルター。自分の好みに合うものを使いたいですね。全体の形状や、底の穴の大きさや数、内側の溝の形など、メーカーごとにいろいろな特徴があります。

ドリッパー

リブ

ドリッパーの内側に、リブという溝がついています。フィルターがドリッパーに密着するのを防ぎ、お湯の流れを調整します。直線状、らせん状など、そのドリッパーに最適な溝がついています。

穴

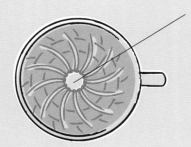

底には抽出されたコーヒーが抜ける穴があいています。穴が大きいと、お湯が抜ける速さを調整できるので、味をコントロールすることが可能です。穴が小さいと、いつも同じ速さでゆっくりと抜けるので、誰が淹れても安定した味になります。

フィルターの種類

円錐形型

広げると円錐形になるフィルター。スペシャルティコーヒーの世界では定番の形になりつつあります。縫い目部分を折り、円錐形のドリッパーにセットして使います。

対応ドリッパー：ハリオ V60、コーノ、オリガミ

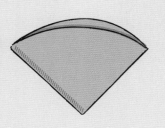

台形型

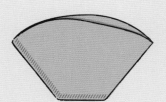

広げると底面が直線、上部は楕円形になるフィルターです。2 か所の縫い目部分を交互に折り、台形のドリッパーにセットして使います。

対応ドリッパー：カリタ 3 つ穴、メリタ 1 つ穴

ウェーブ状

主にウェーブドリッパーに使用する、側面が波状で底面が平らなフィルターです。波状なので、ドリッパーと接する面が少なく、速やかに抽出できます。

対応ドリッパー：カリタウェーブ、オリガミ

ケメックス専用

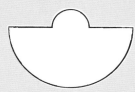

ケメックス専用の半円形のフィルターです。折って円錐形に広げ、ドリッパーにセットします。

対応ドリッパー：ケメックス

---

check

白色と茶色の違いって？

白色は漂白フィルター、茶色は無漂白フィルターです。茶色のフィルターは漂白する過程がない分、環境にやさしいといえます。どちらもコーヒーの味や香りには大きく影響しないので、好みで選べば OK です。

ドリッパーの種類

ハリオ V60

円錐形で、内側には渦状の長いリブ、底には大きな穴が1つです。お湯が中心に向かって流れ、コーヒーの粉とお湯が触れている時間が長いので、コーヒーの成分がしっかりと抽出されます。穴が大きいので、お湯を速く注げば爽やかに、ゆっくり注げば苦みが強く、好みの味に調整できます。初心者向け。

上から見たところ

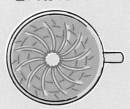

上から見たところ

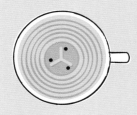

カリタウェーブ

底が平らな円錐形で、3つの穴が三角形に開いています。専用のウェーブ状のフィルターは、ドリッパーとの接着面積が少なく、お湯が全体に広がるので偏りがありません。底が平らなことからお湯と粉が十分に触れるため、バランスよく均一な味わいに淹れることができます。初心者向け。

コーノ

円錐形で、内側の下半分に短い直線状
のリブがあり、底には大きな穴が1つ
です。お湯をいったん受けとめてから
流すため、ゆっくりと抜けていきます。
その分、お湯とコーヒーの粉が長時間
触れるので、どっしりとした味わいに
なります。慣れた人向け。

上から見たところ

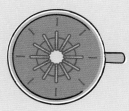

上から見たところ

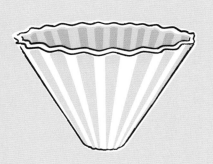

オリガミ

円錐形ですが、側面は凹凸のリブと一
体になっており、折り紙のようなデザ
インから名づけられました。木製のホ
ルダーにセットし、フィルターは円錐
形型やウェーブ状を使います。大き
な穴が1つなのでお湯の抜けが速く、
すっきりとした味わいに。細挽きの粉
にもおすすめです。慣れた人向け。

ケメックス

三角フラスコと漏斗を組み合わせたような、インパクトのある形状。ドリッパーとサーバー一体型の、ガラス製のコーヒーメーカーです。専用のフィルターをセットして使います。リブがないためお湯の抜けはゆっくりめ。やや粗く挽いた粉を多めに入れると淹れやすいでしょう。慣れた人向け。

上から見たところ

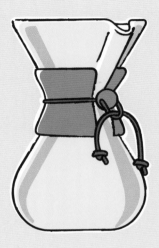

上から見たところ

カリタ3つ穴

台形でリブは直線状、底には小さめの穴が一列に3つ並んでいます。1つ穴に比べて抽出のスピードが速く、3つの穴から均等にお湯が落ちるため、雑味が出る前に美味しさだけを引き出し、すっきりとした味わいに仕上がります。初心者向け。

メリタ１つ穴

台形でリブは直線状、底には小さな穴が１つです。ペーパードリップは、お湯を注ぐスピードに味が左右されますが、メリタ１つ穴は誰が淹れても美味しくなるように設計されています。お湯の抜けがゆっくりでお湯と粉が触れている時間が長いため、やや濃いめのコーヒーが入ります。初心者向け。

上から見たところ

陶器とプラスチックの違いは？

どんな素材のドリッパーでも、淹れる前に温めておくのが基本です。陶器のドリッパーは、保温性があるので一度温めてしまえば冷めにくく、お湯の温度もキープできます。ただ、素材の性質上、衝撃に弱く、落とすと割れてしまうのでていねいに扱いましょう。プラスチック製は、なんといっても低価格。しかも軽くて扱いやすく、丈夫で壊れにくいのがよい点です。コーヒーの味も陶器と変わりません。また、手頃な価格であるからこそ、いろいろなメーカーのドリッパーを試したり、色やデザインで選んだりするのも楽しいでしょう。

ペーパーレスで淹れるなら
....
ネルフィルターと金属フィルター

　ペーパーレスで淹れられるネルフィルターと金属フィルター。洗って何度も使えるので環境にやさしいフィルターです。コーヒーオイルは、フレンチプレス（104ページ）、金属フィルター、ネルフィルター、ペーパードリップの順に多く抽出されます。

ネルフィルター

布製のフィルターはペーパーフィルターよりも目が粗いため、コーヒーオイルを含むいろいろな成分が抽出されます。お湯の抜けが速いので、速く注げば爽やかに、ゆっくり注げば苦みが強くなり、注ぎ方が味に直結します。

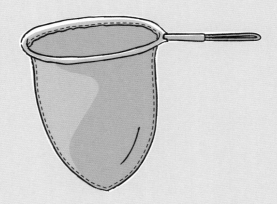

お手入れ

使用後は水でよく洗い、煮沸したあと、水を張った容器に浸してそのまま冷蔵庫で保管します。水は毎日取り替えます。使うときは湯通しして、水けを絞ります。

金属フィルター

金属製のメッシュでできていて、ペーパーフィルターでは
吸着されてしまうコーヒーオイルがこし取られずに抽出で
きるので、豆そのものの味を楽しめます。

円錐形型

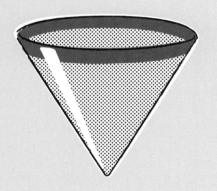

小さな丸い穴が等間隔にあいていま
す。粉の層が厚くなるので、しっかり
とした味わいに。

台形型

杉綾模様の複雑なメッシュが施されて
います。お湯の抜けはゆっくりなので、
濃いめの味わいに。

お手入れ

コーヒーの粉を捨て、中性洗剤で洗ったあと、流水でよく
洗い流します。目づまりを起こさないよう、やわらかいブ
ラシで穴に残った粉をしっかり取り除きましょう。

Drip
03
手軽で味のブレが少ない
フレンチプレス（浸漬式）

　紅茶を入れる器具のようなフレンチプレスは、スペシャルティコーヒーの良さを最大限に引き出す淹れ方ともいわれています。コーヒーの粉が直接お湯に触れる時間が長いので、豆本来の風味が出やすいのが特徴です。シンプルな工程で、基本のポイントを押さえておけば、いつも同じクオリティの味を出すことができます。

POINT

POINT 1
豆選びと計量
比率は豆1に対して、お湯16〜18

POINT 2
豆の挽き具合
粗挽き

POINT 3
お湯の温度
90℃以上

POINT 4
時間を計る
4分

POINT 5
最後まで注ぎきらない
カップに注ぐときは、最後まで注ぎきらないようにします。カップの底にコーヒーの粉がたまり、過抽出のコーヒーが入ってしまうのを避けるため、フィルターの下に抽出液を残します。

粉を倍量にして濃いめに抽出したら、カップに氷を入れて急冷し、アイスコーヒーも楽しめます。

必要な器具

•フレンチプレス

0.35L、0.5L、1L、1.5L と、さまざまな大きさがあり、どのサイズも4分で抽出することができます。

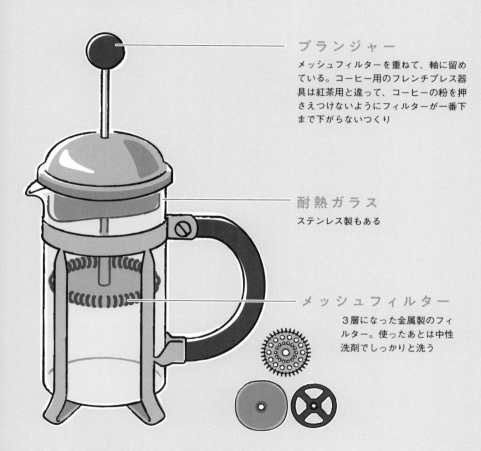

プランジャー

メッシュフィルターを重ねて、軸に留めている。コーヒー用のフレンチプレス器具は紅茶用と違って、コーヒーの粉を押さえつけないようにフィルターが一番下まで下がらないつくり

耐熱ガラス

ステンレス製もある

メッシュフィルター

3層になった金属製のフィルター。使ったあとは中性洗剤でしっかりと洗う

- •ケトル（やかんでもOK）
- •スケール
- •タイマー

フレンチプレスの淹れ方（1杯分）

STEP 1

粉を器具に入れる

プランジャーを引き上げた状態で、蓋を外しておく。粉を入れたら器具をゆすって平らにならす。

STEP 2

タイマーを4分にセット

タイマーをセットし、注湯と同時にスタート。

材料　豆…10 ～ 12 g 、お湯…160 ～ 200g（1：約16）　挽き目…粗挽き

STEP
3

注湯

お湯を注ぐ

粉にお湯が行き渡るように、分量のお湯をすべて注ぐ。口が太いやかんを使用してもOK。

STEP
4

プランジャーをセット

蓋をする。プランジャーは、まだ引き上げたまま。

STEP 5

4分まで待つ

蒸らしを進める。

STEP 6

プランジャーを下げる

ゆっくりとプランジャーを押し下げる。力を込めすぎると、噴きこぼれたり、器具内で粉が激しく舞ったりするので注意。コーヒーは最後までカップに注ぎきらないようにする。

できあがり！

コーヒーオイルが
しっかりと抽出され
た、まろやかな味わ
い。できあがり量は
130g。

arrange
ほかにも

コーヒーカップの底に粉が残るのが気になる方には！

STEP 5 で 4 分待ったあと、
蓋を取り、液面上部の粉をス
プーンでやさしく混ぜて泡を
取り除き、蓋をしてさらに 5
分タイマーをセット。5 分後
にプランジャーを下げて注ぐ
と、合計 9 分でカップの底に
粉が残らず、コーヒーオイル
は残って、クリーンな味わい
に仕上がります。

04

豊かな香りと味を楽しめる

サイフォン（浸漬式）

アルコールランプやハロゲンランプを使い、気圧の差を利用することで抽出する方法。フラスコに入れたお湯が沸騰すると、漏斗にポコポコとお湯が上がり、コーヒーとなって再びフラスコに落ちる様子が魅力的です。

POINT

POINT 1 豆選びと計量
比率は豆1に対して、
お湯は 16 〜 18

POINT 2 豆の挽き具合
中挽き

POINT 3 時間を計る
撹拌と同時にタイマーを
スタートする

**POINT 4 ネルフィルターを
きれいに保つ**

使用したネルフィルターは、しっかりと水洗いをしたあと、水を入れた容器に浸して冷蔵庫で保管します。洗剤で洗うと臭いが残ってしまうこともあるので要注意。乾燥も臭いのもとになってしまいます。

**POINT 5 ヘラでの撹拌しすぎ
に注意**

お湯が漏斗に上がって撹拌するときは、3〜5回程度、手早くかき混ぜます。かき混ぜすぎると雑味が出てしまうので注意します。

必要な器具

• サイフォン

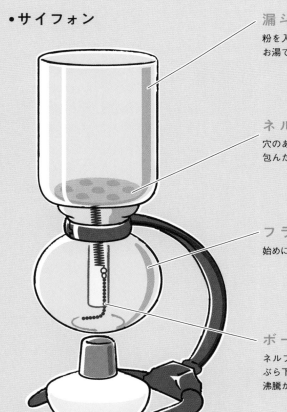

漏斗
粉を入れて、フラスコから上がってきた
お湯で抽出するところ

ネルフィルター
穴のあいた金属製のフィルターをネルで
包んだもの

フラスコ
始めにここにお湯を入れてランプで熱する

ボールチェーン
ネルフィルターの中央部にバネがあり、
ぶら下がったボールチェーンで、お湯の
沸騰が確認できる

• ドリップケトル
• ヘラ（またはスプーンなど）
• スケール
• タイマー

サイフォンの淹れ方（1杯分）

STEP 1

ネルフィルターを取りつける

ネルフィルターのバネを、漏斗の管に通して、縁に引っかける。

STEP 2

火をつける

アルコールランプや、ハロゲンランプをセットする。

材料　豆…10g 、お湯…160g（ 1 ：16）　挽き目…中挽き

STEP
3

注湯

お湯を注ぐ

フラスコにお湯を入れる。

POINT

お湯を注ぐと
早く沸騰します

STEP
4

火に当てる

アルコールランプをフラスコに設置。フラスコの底から火が
はみ出さない程度の火加減に。

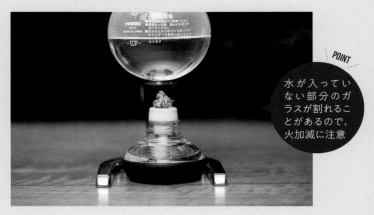

POINT

水が入ってい
ない部分のガ
ラスが割れるこ
とがあるので、
火加減に注意

STEP 5

漏斗に粉を入れる

漏斗に粉を入れて、軽く揺すって平らにならす。

STEP 6

漏斗をセット

フラスコに漏斗をのせる。このときは、まだ管をしっかり
と挿さない。

お湯が沸騰したら、漏斗を挿し込む

フラスコ内のボールチェーンで沸騰を確認したら、漏斗を
フラスコにしっかりと挿し込む。

お湯が漏斗に移動

フラスコ内が密閉され、水蒸気が漏斗にお湯を移動させる。
漏斗にお湯が噴き上がる。

STEP 9

撹拌する

ヘラで、漏斗内を軽く撹拌して、粉とお湯を馴染ませると同時に、タイマーをスタートする。30秒後、浮いたコーヒーを軽く撹拌する。

STEP 10

火を消す

30秒経ったら、火を消す。または熱源から離す。

抽出液が漏斗からフラスコに移動

フラスコ内の温度が下がって、蒸気が水に戻る（体積が減る）ため、漏斗内の抽出液が落ちてくる。落ち始めたら、もう一度、軽く撹拌する。

抽出液が落ちたあとの漏斗

フラスコに抽出液が落ちきるのを待つ

すべて落ちきったら、できあがり。できあがりは高温のため注意。

できあがり！

できあがり量は140g。

05 エアロプレス（浸漬式＋加圧式）

自分好みにアレンジしやすい

コンパクトな器具で、空気圧を使って注射器のように抽出する、比較的新しい方式です。浸漬と加圧を組み合わせ、短時間で抽出できるのが特徴。粉を多めに使い、濃く抽出してから好みの濃さに希釈したり、圧力をかける際のスピードで味わいを変えたりするなど、さまざまな楽しみ方ができます。

POINT

POINT 1 豆選びと計量
比率は豆1に対してお湯16〜20、また、1：10と濃く淹れてから薄めるなど自由度が高いです。

POINT 3 お湯の温度
90℃以上

POINT 5 プランジャーを押し下げる時間を変える
押し下げる時間で味わいが変わります。スピードを速めにすると、すっきりとした味わいに。反対にゆっくりプレスすると、しっかりとした味わいになります。

POINT 2 豆の挽き具合
中細挽き〜中挽き

POINT 4 時間を計る
浸漬時間30秒〜1分
加圧時間30秒〜1分

POINT 6 器具を逆さに使う「インヴァート方式」も
器具を逆さにセットして抽出する方法もあります。スタンダードな方法とは違い、プレスする前に抽出液が落ちないので、深い味わいを楽しみたいときにおすすめです。

必要な器具

ファンネル
粉を入れる漏斗

・エアロプレス

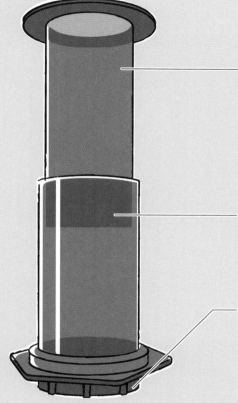

プランジャー
チャンバーの中に入れて注射器のように
圧力をかける

チャンバー
粉とお湯を入れるところ。上からプラン
ジャーで押して空気の圧力をかけ、フィ
ルターを通してコーヒーを抽出する

フィルターキャップ
ペーパーフィルターを取りつけてチャン
バーに固定する

・**フィルター**
金属製のものもある

・**パドル（またはスプーンなど）**

・**ドリップケトル**

・**スケール**

・**タイマー**

パドル
コーヒーの抽出液を
かき混ぜるための
付属のヘラ

エアロプレスの淹れ方（1杯分）

フィルターをセット（1）

フィルターキャップに、フィルターを1枚のせる。

フィルターをセット（2）

フィルターキャップをチャンバーにはめたら、お湯を一度注いで捨て、器具を温める。フィルターも湿らせておく。

材料　豆…10g、お湯…160g（1：16）　中細挽き～中挽き

STEP 3

粉を入れる

スケールの上に置いたサーバーにチャンバーをのせて、粉を入れる。

STEP 4

お湯を注ぐ

ゆっくりとお湯を注ぎ、粉全体に行き渡らせる。

STEP 5

撹拌する
粉とお湯が均一になるように、パドルやスプーンなどでやさしく混ぜる。

STEP 6

プランジャーをセットする
チャンバーの上部にプランジャーをはめ込み、1分ほど蒸らす。

POINT

蒸らしの時間を変えることでも、味わいに変化が生まれます

STEP 7

プランジャーを押し下げる

30秒〜1分ほどかけて、プランジャーをゆっくりと押し下げる。両手を使うとうまく押しやすい。この時間を変えて工夫するのもおもしろい味わいに。

できあがり！

短時間の抽出では
すっきりとした味わいに。
できあがり量は140g。

POINT

キャップを外すと、フィルターの形のまま粉が出てきて処理がしやすいところも嬉しいポイント

Drip

06 エスプレッソ（加圧式）

濃厚な味わいと香りが魅力

高圧蒸気で一気に抽出し、濃厚な味わいが魅力のエスプレッソ。小さなコーヒーカップで濃厚な口当たりを楽しむ人も多いことでしょう。エスプレッソをおいしく淹れるのに欠かせないのが、エスプレッソマシン。この器具で作れるクレマと呼ばれるクリーム状の泡を使って、ラテアートに挑戦することもできます。

POINT

POINT 1 豆選びと計量
ほかの抽出法より、豆を焙煎してからの経過日数が味や抽出状態に影響します。

焙煎から4～5日後が、豆の炭酸ガスが落ち着いて抽出しやすいので、焙煎日も確認を。

POINT 2 豆の挽き具合
細挽き

POINT 3 抽出量と時間を計る
マシンを使うので、粉の挽き具合によって抽出時間や味が変わります。また、カップに落ちてくる抽出液の量を確認して、適量を見極めることが大切です。

必要な器具

電源スイッチ

電源や、スチームの切り替えスイッチなど

・エスプレッソマシン

圧力ゲージ

圧力の高さが確認できる。抽出すると
きは9気圧程度、スチーム時は1〜1.5
気圧程度が良い

スチームノブ

ここを回して蒸気を取り込む

タンク

抽出やスチームに使われる水を
入れておく

スチームノズル

蒸気を噴射して、ミルクのスチームをす
るところ。アームについたミルクは、すぐ
に拭き取らないとミルクが固まってしまう

グループヘッド

ポルタフィルターを取りつ
ける場所

ドレーン

湯抜きしたお湯を
ためるところ

タンパー

フィルターバスケット
に入れた粉を押さえて、
平らに詰める器具

フィルターバスケット

・スケール

・タイマー

・タンピングマット
（またはタオル）

・タオル
フィルターバスケットや
スチームノズルを拭く

ポルタフィルター

粉を入れたフィルターバスケット
をセットして抽出する。バスケッ
トを変えると、カフェポット（コー
ヒー粉パック）も使用できる

エスプレッソの淹れ方（2杯分）

STEP
1

マシンの電源を入れる

STEP
2

タンクに水を入れる

空炊きしないように指定の量を入れておく。

材料　豆…16 〜 17g　挽き目…細挽き

粉を入れて計量する

フィルターバスケットを乾いた布で拭いて、粉を入れる。バスケット
の大きさや粉の挽き目にもよるが、ここでは 16 〜17g。

レベリングする

粉が多ければ、余分な粉を落としながらフィルターバスケッ
ト内の粉が均等になるように、平らにする（レベリング）。

STEP 5 タンピングする

タンパーで粉を押し固める。ゴム製のタンピングマットやタオルを敷くと、滑らず力をかけやすい。

STEP 6 湯通しをする

グループヘッドの温めや、連続して抽出するときにグループヘッドについた粉を落とすために少量のお湯を流す。

STEP 7

ポルタフィルターをセットする

マシンにポルタフィルターをセットする。ガチャッとはまる
感覚があるまで、しっかりと回す。

STEP 8

抽出する

指定量になるまで抽出する。スケールとタイマーがあるとわ
かりやすい。約20秒で40g程度（2カップ分）を抽出。

できあがり！

きれいなクレマ
（泡）をまとっ
たエスプレッソ。

コーヒーの味わいがこれで決まる

07 抽出方法の要素

　コーヒー豆を挽いて粉にし、お湯を注ぐとコーヒーが抽出されます。この基本の工程は変わりませんが、コーヒー豆の焙煎度や挽き方、量、お湯の温度、抽出時間で、風味や味わいは大きく変わります。同じ豆で同じ器具を使ってもさまざまに変化するのがコーヒーの醍醐味。味に影響する抽出方法の要素を知って、さらにコーヒーの世界を楽しみましょう。

成分の抽出イメージ

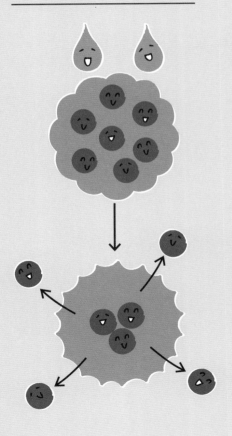

挽いた粉に
お湯をかけると…

挽いた粉にゆっくりとお湯を注ぎます。粉の中に含まれている成分が目を覚まして…。

成分が溶け出していく

お湯が粉に染み込むにつれて、コーヒーの成分が溶け出していきます。これがコーヒーの味わいとなります。

味に関わる抽出要素

抽出時に、味に影響する要素は5つあります。自分の好みの味と照らし合わせながら、抽出方法を選びましょう。

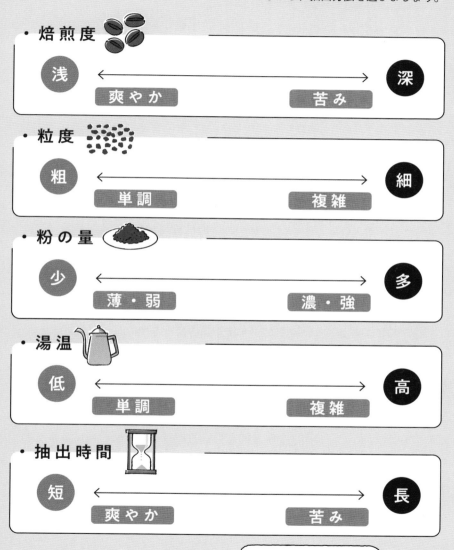

・ 焙煎度

浅 ← → 深

爽やか　　　　苦み

・ 粒度

粗 ← → 細

単調　　　　複雑

・ 粉の量

少 ← → 多

薄・弱　　　　濃・強

・ 湯温

低 ← → 高

単調　　　　複雑

・ 抽出時間

短 ← → 長

爽やか　　　　苦み

好みに合わせていろいろ
試してみるのも楽しい！

Blend

自分流のブレンドを

異なる産地・品種のコーヒー豆を、割合を決めて配合したものを「ブレンド」といいます。自分好みの味わいを追求し、豆の個性を生かしながら、調和のとれた味わいを作り上げる作業は楽しいもの。いろいろなコーヒー豆の個性がわかってきたら、自分だけのオリジナルブレンドに挑戦してみるのもよいでしょう。

とはいえ、好みのコーヒー豆をただ混ぜただけでは美味しいブレンドにはなりません。まずはベースとなる豆を決めます。酸味と苦みのバランスのよいブラジルやコロンビアがよく使われます。そこへ、香りや甘みなど自分の目指す味に近づくような特徴をもつ豆を1〜3種類ほど選び、1：1の配合から始めましょう。焙煎度合いは同じくらいのもののほうが、味がまとまりやすいようです。

香りを強調したいのか、甘みを強調したいのか、全体をバランスよくしたいのかなど、理想のコーヒーの味を考えながらブレンドしていきましょう。

ブレンドの方法は3種類

豆をブレンド

焙煎した豆を計量して混ぜ、ミルで挽いて淹れます。コーヒースプーンを使い、1：1なら1杯ずつです。焙煎後の豆を使うので、「アフターミックスブレンド」と呼ばれます。

粉をブレンド

挽いて粉にしたコーヒーを、ブレンドしたい割合に合わせて容器に入れ、粉全体をよく混ぜ合わせてから淹れます。コーヒーは粉で購入している、という場合に試しやすい方法です。

抽出したコーヒーをブレンド

ブレンドしたいコーヒーをそれぞれ同じ条件で抽出し、ブレンドの割合に合わせてカップに入れます。簡単に割合を変えられるので、配合をいろいろと試したいときの手段としても。

Unir のハウスブレンド

Unir では、ブレンドがあると選びやすいとのお客様の声により、ハウスブレンド1種類とアイスブレンドをお作りしています。ハウスブレンドのコンセプトは、酸味が控えめで甘さのあるブレンド。アイスブレンドは粘性感と重さのある口当たりで、濃いめの配合です。

ブレンドは、作りたい味をもつコーヒーをメインに、それを補うような味を足していくイメージで仕上げていきます。時期により扱う豆が変わるため、ブレンドする豆も変わります。ハウスブレンドは酸味が控えめで甘さのあるブレンドなので、例えばある時期では、甘さや香ばしさのある味わいに仕上げるためのブラジルに、しっかりした甘さをもつホンジュラスと、バランスをとるために酸味のあるエチオピアを配合しています。

coffee time

Part 03

●●●●●●

コーヒー ×
食のはなし

好みの味のコーヒーを淹れたら、
その味に合う食べ物や、シーンにふさわしい
カップを選ぶのも大人の喜び。

コーヒーにおせんべいって!?

137

味や香りを表現してみよう

　豆のもつ風味や味わいの特徴をみるテイスティングのことをコーヒーの世界では「カッピング」と呼びます。プロたちが豆の品質や味わいを評価したり、バリスタが適切な抽出を行うために欠かせないものです。

　コーヒーは同じ器具、同じ方法で抽出しても、お湯の温度や粉の量などレシピによって味わいやバランスが変わります。ここではおうちでできる簡単な方法をご紹介します。ポイントは、その液体がコーヒーであると思わず、どんな風味のする液体なのか…と考えること。プロになった気分でカッピングにチャレンジしてみましょう。自分の好みの味や香りを見つけるきっかけにもなるはずです。フレーバーを感じ取る目安は、140ページを参考に、ほかの食べ物や飲み物などで表現してみましょう。

コーヒーのカッピング方法

準備するもの

- 挽いた豆
- 耐熱グラス（陶器のカップでもOK）
- ＊数種類の粉を同時にカッピングするなら同じグラスを用意しましょう。お湯と粉の比率も一定に。
- 粉1に対して18の割合の熱湯（10gの粉と180gのお湯が理想的）
- スプーン
- すすぎ用のカップ（かき混ぜたスプーンをすすいだり、違うカップに移す際にスプーンを洗ったりするため、水やぬるま湯を入れておく）
- タイマー

① 香りをかぐ【ドライ】

カッピングを始める直前に挽いた豆をグラスに入れます。粉は少し粗めの、中粗挽きが適しています。粉を入れたらカップを手に持って軽く揺らし、粉を動かしてカップを鼻に近づけ、香りを確かめましょう。お湯を注ぐ前の香りを「ドライ」といいます。

② お湯を注ぐ【クラスト】

グラスにお湯を注いだらタイマーを4分に。まずはそのまま鼻をグラスに近づけて立ち上る湯気の香りを感じ取ります。コーヒーの粉が蓋をした状態を「クラスト」といいます。

③ 撹拌する【ブレイク】

4分経過したら、3～4回上下にスプーンを動かしてかき混ぜ、立ち上る湯気の香りを確認します。これを「ブレイク」といいます。混ぜるときにグラスに顔を近づけると、より香りを感じることができます。

④ 泡や浮いた粉を除く

表面に浮いた泡や粉を2本のスプーンを使って、ていねいにすくい取ります。別に用意したぬるま湯でスプーンを洗ってから、テイスティングの手順に進みましょう。

⑤ カッピング

すすれる温度になったらスプーンで口に含みます。飲むというより空気を含ませ、霧状のコーヒーが通り抜けるイメージで。香りが鼻に抜け、風味やアロマをより感じることができます。

※温度帯によっても感じ方が変わるので、冷めすぎないよう注意して。コーヒーは飲んでも吐き出してもどちらでもOK。

風味（フレーバー）を分類してみよう

世界中で飲まれているコーヒーのフレーバーを、誰もが同じように認識できると、イメージの共有がとてもスムーズですよね。コーヒーの共通語を見つけやすいものとして「フレーバーホイール」というものがあります。

「フレーバーホイール」の開発はWCR（World Coffee Research）とSCA（アメリカスペシャルティコーヒー協会）の共同作業により行われました。WCR は科学者のために、コーヒーから一般的に感じられるフレーバーの語彙集（レキシカン）を作成しました。そのレキシカンをカッパー（スペシャルティコーヒーを評価する職業）が直感的に理解できるようにしたものが「フレーバーホイール」です。

ここでは「フレーバーホイール」にある大まかな分類からさらに分けて、美味しいコーヒーの要素を紹介します。好みのコーヒーの風味を見つけるときなどに役立ててください。普段から様々な食べ物や飲み物を意識するとイメージをつかみやすいですよ。

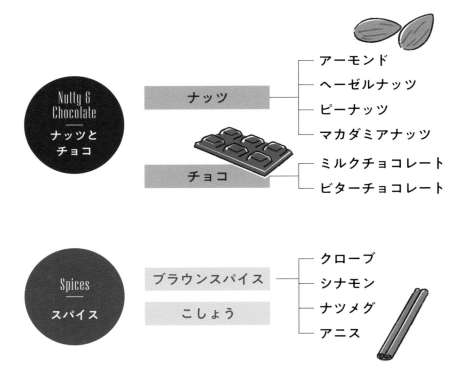

Nutty & Chocolate
ナッツとチョコ

ナッツ
— アーモンド
— ヘーゼルナッツ
— ピーナッツ
— マカダミアナッツ

チョコ
— ミルクチョコレート
— ビターチョコレート

Spices
スパイス

ブラウンスパイス
— クローブ
— シナモン
— ナツメグ
— アニス

こしょう

Sweet
——
甘み

ブラウンシュガー ── はちみつ
バニラエッセンス ── キャラメリゼ
バニラ ── メイプルシロップ
── シロップ

シトラス系 ── グレープフルーツ
── オレンジ
── レモン
── ライム

Fruity
——
フルーツ

ベリー系 ── ストロベリー
── ブラックベリー
── ラズベリー
── カシス

ドライフルーツ ── レーズン
── プルーン

その他 ── リンゴ系
── トロピカル系
── ピーチ

Floral
——
花

── カモミール
── ローズ
── ジャスミン

━━━ check ━━━

スペシャルティ コーヒーは、 フルーツの風味

● ● ●

上質なコーヒーは、フルーツの風味を感じることができます（33ページ）。ここでご紹介したフルーツ以外にも、酸味と甘みのバランスによってさまざまなフルーツの風味を感じることができるでしょう。あなたの好みはどんな風味ですか？

※その他にも、発酵（酸味・酒など）や野菜など、さまざまな表現があります。

02

相性の良い組み合わせを知って、もっと楽しく！

フードペアリング

　美味しいワインを手に入れたら、それに合うフードが欲しくなるように、好みのコーヒーに出逢ったら、その魅力をさらに引き立てる"相棒"が欲しくなるもの。相性の良いフードと一緒に楽しむことで、味や香りの相乗効果が生まれ「えっ!?」と驚くほどの発見をすることも珍しくありません。

　相性の良い組み合わせを探す方法はいくつかありますが、一番簡単なのは酸味のあるコーヒーに果物を使ったスイーツを合わせるといったように、味やフレーバーの方向性を揃えるやり方です。系統が似たもの同士を一緒に味わうことで、味わいが増幅されて美味しさマシマシに。ここでは、コーヒーの焙煎度合いを軸にして、相性のよいフードの一例をご紹介します。ぜひ試して、魅惑のペアリング体験を楽しんでみてください。

chocolate

cake

cheese

bread

コーヒーの焙煎度

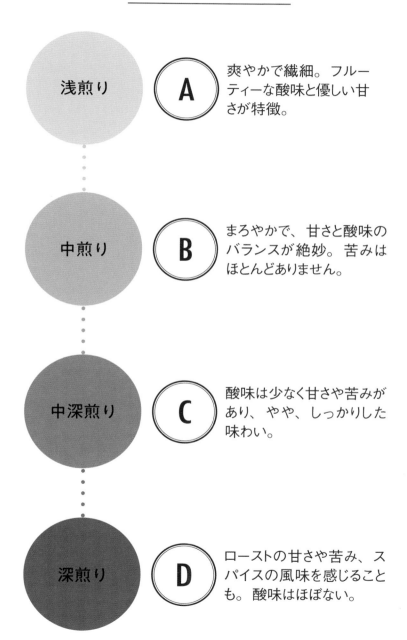

浅煎り

A 爽やかで繊細。フルーティーな酸味と優しい甘さが特徴。

中煎り

B まろやかで、甘さと酸味のバランスが絶妙。苦みはほとんどありません。

中深煎り

C 酸味は少なく甘さや苦みがあり、やや、しっかりした味わい。

深煎り

D ローストの甘さや苦み、スパイスの風味を感じることも。酸味はほぼない。

(A) 浅煎り×フード

フルーツを思わせるきれいな酸味が特徴の浅煎り。繊細で甘さも優しく爽やかです。合わせるものは、同じように酸味のある果物を使ったタルトや、和菓子なら口溶け滑らかで繊細なものがよく合います。

バゲット

癖のないクリームチーズをぬったり、塩や美味しいオリーブオイルを合わせたり。爽やかな酸味がいっそう際立ちます。

フルーツジュレ

繊細でフルーティーな酸味のコーヒーには、フルーツを使ったジューシーなスイーツがぴったり！

水ようかん

和菓子の中でもよく合うのは、滑らかな口溶けのもの。水ようかんやわらび餅、生麩まんじゅうも相性◎。

B 中煎り×フード

まろやかな甘さと酸味のバランスが取れた中煎り
には、程よい口溶けのスイーツがマッチします。
チーズや塩味のお菓子とも相性良し。

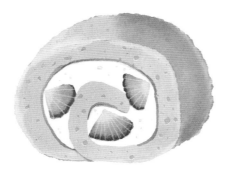

ロールケーキ

スポンジ生地のもつ風味と滑ら
かな口溶けのクリームが、中煎
りコーヒーのやさしい酸味とまろ
やかな甘みに重なります。

ポテトチップス

バランスの取れた中煎りは、
受けとめるフードの幅が広く、
ポテチの油っ気や塩味もマイ
ルドに。

カマンベールチーズ

クリーミーなチーズが、コーヒー
の熱で温められて、口の中で
滑らかにとろけます。味と香り
の余韻にうっとり。

C 中深煎り×フード

酸味は控えめで甘さと苦みのある中深煎り。どっしりとした味わいなので、バターのような濃厚な味わいのあるものや粒あんなど、しっかりした風味のものが好相性です。

生ハム

独特の熟成香にしっかりした塩味をもつ生ハムと、どっしりしたコーヒー。重厚で複雑な、やや上級編の組み合わせ。

モンブラン

濃厚なマロンクリームがコーヒーの味と合わさって、より厚みのある味わいに。ベイクドチーズケーキなどもマッチします。

おはぎ

和菓子の中でもどっしり系のおはぎが相性良し。あんこの甘さでコーヒーの甘みが増して、心地よい余韻が味わえます。

D 深煎り×フード

ローストの苦みと、香ばしさが際立つ深煎り。豆によっては、スパイスやナッツのフレーバーを感じることもあります。どっしりしたコーヒーには、チョコレートなど濃厚なフードを合わせると余韻も長く楽しめます。

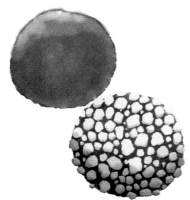

チョコレート
トリュフ

チョコレートの中でも、やや苦みのあるものがおすすめ。カカオ多めのビターなチョコで作られたオペラケーキなどもGOOD！

草加せんべい

苦みと香ばしさ、醤油×ナッツのフレーバーが相乗効果を発揮。食べる、飲む、食べる。止まらない美味しさです。

ようかん

コーヒーの苦みにも負けない、まったりとした甘み。しっかりとした味わいをもつもの同士のパワフルな組み合わせ。

147

形も大きさもさまざま。コーヒーに合わせて選ぼう

カップによって味も変わる

同じ豆、同じ器具、同じレシピで抽出したコーヒーでも、注ぐカップによって味も印象も変わります。口の中に液体がどう流れ込み、舌のどの部分で感じるか、また唇で触れる感触も影響します。

一般的に、飲み口が薄いカップは、香りやフレーバーを感じやすく、厚みのあるものは、液体の重量感を感じやすいといわれます。形によっても味の

感じ方が変わり、縁が外に広がっていると酸味がわかりやすく、まっすぐのものはバランスよく感じます。コーヒーの魅力をより引き立ててくれるカップ。自分の好みの味や、飲むコーヒーの種類によって、カップを使い分けるのが理想的です。

自分好みのコーヒーをお気に入りのコーヒーカップで楽しむ。一番贅沢で癒される時間かもしれませんね。

コーヒーカップとティーカップの違い

一般的に、コーヒーカップは厚手で口径が狭く、ティーカップは薄くて飲み口が広がっています。

厚みがあって飲み口が狭いコーヒーカップは、熱も香りも逃しにくい形になっています。

沸かしたての熱湯を使うティーは、早く冷めるように薄手で、飲み口が広いのが特徴です。

カップの厚さ

コーヒーの味やフレーバーは、飲み口の厚さによっても感じ方が変わります。
同じように抽出したコーヒーを、薄いものと厚いもので飲み比べてみるのも面白いかもしれません。

カップの飲み口

薄い 飲み口が薄いカップは、繊細なフレーバーを感じやすい。

厚い 厚みのあるカップは、液体の重量感やバランスをしっかり味わいたいときに。

カップの形

丸みがあって膨らんでいるものや、細長い形などさまざまなタイプがあります。カップの形状は、香りやフレーバーの印象を左右します。

カップの形

 まっすぐ コーヒーがストレートに口に入るので、液体の重量感を感じやすい。

 広がっている 口径が広いほど口の中全体に香りも広がりやすいので、明るい酸味や華やかなフレーバーを感じやすい。

コーヒーカップの種類

レギュラーカップ

一般的なホットコーヒーを飲むとき
に使われるハンドルつきのカップ。

特徴 保温性のある厚手のカップ
で、ソーサーがつく。

容量 120 〜 180mL

デミタスカップ

「デミ」は半分の意味。名前のとおり
レギュラーカップの約半分の大きさ。

特徴 食後の濃いコーヒーやエスプ
レッソに。

容量 約 90mL

マグカップ

縦長の円筒形で大容量。レギュラーコー
ヒーやカフェオレなど用途は幅広い。

特徴 どっしりとした厚手のものが
多く、ソーサーはつかない。

容量 200 〜 350mL

エスプレッソ系

エスプレッソカップ

エスプレッソ1ショットを入れる
小ぶりなカップ。

特徴 少量でサーブするため、保温
性の高い厚手のものが多い。

容量 60〜90mL

カプチーノカップ

エスプレッソにミルクを注いだ
カプチーノ用のカップ。

特徴 エスプレッソと同じく厚みの
ある設計のものが多い。

容量 150〜180mL

カフェラテカップ

エスプレッソに泡立てたスチー
ムミルクを合わせるラテ用。

特徴 ラテアートが描きやすいよ
うに口径が広い。

容量 150mL〜

カフェオレボウル

ハンドルのついていない、
少し大きなお椀のような形の器。

特徴 カフェオレにパンを浸して食べる文
化のあるフランスで生まれたもの。

容量 200〜250mL

タンブラー

プラスチック製、金属製など各種あるが、
保温性の高いステンレス製が人気。

特徴 蓋つきでこぼれにくく、携帯できるタイプ
もある。おしゃれなデザインのものも多い。

容量 300〜500mL

砂糖を選んで入れよう

コーヒーに砂糖を入れるのは邪道でしょう…なんて思っていませんか。スペシャルティコーヒーのエスプレッソは、酸味もあるので砂糖を入れると、とろりと濃厚なフルーツソースのようになり、ドリンクというよりはまるでスイーツ！ こんなふうに、スプーン一杯の砂糖がコーヒーの表情をガラリと変えてくれることもあるのです。

ちょっと疲れたときに飲む甘いコーヒーもまた特別なもの。包み込むようなやさしさで、疲れをほっと癒してくれるはず。コーヒーは、自分が「美味しい」と思う飲み方で楽しむのが一番。その日の気分で、時には砂糖を入れて飲んでみてください。いつものコーヒーが、新しい魅力を見せてくれるかもしれませんよ。アイスコーヒーには手作りのシロップを。砂糖2に対して水1の割合で簡単に作れます。

砂糖の種類

上白糖

ナチュラルな甘さで癖がないので、どんなコーヒーと合わせてもOK。エスプレッソにも好相性。

分蜜糖

近代的な製法によって砂糖の結晶と蜜を分けて、結晶だけを取り出したもの。ミネラル分や不純物をほとんど除いた純度の高い精製糖。コーヒーそのものの味や、フレーバーが楽しめます。

三温糖

グラニュー糖などを作ったあとに残る蜜から作られるため、ミネラルを含んでいます。カフェオレなどアレンジコーヒーに。

グラニュー糖

粒子が細かくサラサラしているので溶けやすく、さっぱりした甘さでコーヒーの味を邪魔しない。エスプレッソをはじめ、どんなコーヒーにも合う万能なシュガー。

黒糖

サトウキビの絞り汁を煮詰めてそのまま凝縮したもの。独特の風味があるので、少量使いがおすすめ。

含蜜糖

糖蜜を分離せずに作るため、サトウキビなど原料本来の風味が残り、ビタミンやミネラルも多く含んでいます。コーヒーの酸味を和らげたり、味わいをプラスしたいときに。

きび砂糖

サトウキビを原料とし、精製途中でサトウキビの砂糖液を煮詰めて作られるもの。まろやかな甘さがある。

和三盆

伝統製法による砂糖で、結晶が細かく口あたりの良さと、上品でほのかな甘さが特徴。

**others
ほかにも**

はちみつ

特有の香りや甘さ。花によって異なるはちみつの味とコーヒーの相性を考えるのも楽しい。

ジャム

コーヒーの風味とジャムの甘みや酸味があいまって、ワンランク上の贅沢な味わいに。

コーヒーの魅力を引き出すミルクの魔法

ミルクを加える楽しさ

　コーヒーにミルク。そのミルクをなぜ入れるのか、ということを一度考えてみませんか？

　ブラックで美味しいコーヒーにあえてミルクを入れるのであれば、「ブラックで味わえる美味しさを理解してから、違うバランスを発見するためにミルクを入れる」という、新たな魅力を引き出す相棒としてミルクを考えてみてください。

　加えるミルクは動物性のものがおすすめ。カフェラテやカプチーノには定番の牛乳を合わせてください。コーヒーの甘さ、ミルクの甘さ、コーヒーの酸味、それぞれが合わさることでいろいろなバランスのドリンクになり、コーヒーの魅力の再発見がありそう。

　動物性の乳製品が苦手という人には、豆乳やアーモンドミルク、最近では麦のミルク（オーツミルク）なども販売されていますので探してみてください。ミルクを入れることで、クリーミーでマイルドになるコーヒーの味わいの変化を、ぜひ楽しんでみてください。

あれこれ集めて飾るのもステキ！

陶器やガラスなど、多彩な素材のミルクピッチャー。カップとペアで揃えたり、カラフルな色のものをシリーズで集めて飾るのも楽しそう♪

ミルクの種類

牛乳

成分調整の有無や殺菌の方法で味わいはさまざま。味わいのやさしい低温殺菌牛乳がイチオシ。温めるひと手間で、よりマッチします。スチームミルクには成分無調整の牛乳が向いています。ちなみに低脂肪牛乳はスチームミルクになりません。

生クリーム

濃度が高いので、そのままより牛乳と割って、濃度を調整しながら加えるのがおすすめ。少し甘みを加えて泡立てたホイップクリームにしてもOK。

others
ほかにも

豆乳

豆乳には、女性に嬉しい大豆イソフラボンがたっぷり。熱いコーヒーと合わせてソイラテをつくるときは、豆乳が分離するので温めすぎに注意。

アーモンドミルク

ナッツの風味がコーヒーの香りと好相性。低カロリー、低糖質でビタミンEや食物繊維も豊富です。乳成分は含まれていません。温めすぎると分離するので注意。

check

ミルクに合う
コーヒーって？

• • •

ミルクを合わせるには深煎りと思っている人が多いようですが、実は浅煎りで酸味のあるフルーティーなコーヒーにもよく合います。通常より少し濃いめにコーヒーを淹れてお試しください。浅煎りコーヒーの酸味とミルクの甘さのバランスが絶妙です。

煮込みやソースなど料理の隠し味にも

料理にコーヒーをプラス

コーヒーの香りや酸味、苦みなどは、実は料理とも好相性。そのまま飲んで楽しむだけでなく、使い方しだいでは、調味料やスパイスの代わりとしても活躍してくれます。

煮込み料理に加えれば、深みが出て、まるで何日も煮込んだような奥深い味わいになり、コーヒーの風味が隠し味となってスパイスのような役割も果たします。下味をつけて仕上げる肉料理なら、仕込みの段階でコーヒーを合わせれば、肉をしっとり柔らかくして、臭み消しの効果もあります。ドレッシングやデミグラスソース、ステーキソースなど、味に厚みが欲しい場合にもおすすめです。もちろんデザートやスイーツにも好相性。

いつもの料理にコーヒーをプラスして、ひと味違った美味しさを楽しんでみてください。

活用
1

煮込み料理の隠し味に

• カレー
• シチュー

濃いめに抽出したコーヒーをカレーやシチューなどに加えれば、深みが増して、煮込んだ翌日のような味わいに。ほろ苦さが隠し味になって複雑な美味しさが生まれます。入れるタイミングは、料理が仕上がり火を止める直前。お鍋に入れてひと回しすれば完成です!

活用 2　肉料理に

- ローストチキン
- スペアリブ
- 焼き豚

ローストチキンやスペアリブ、焼豚などを仕込む際の下味にコーヒーを加えると、しっとりと柔らかく仕上がります。肉の臭み消しにも一役買います。

活用 3　ソースやドレッシングに

- デミグラスソース
- てりやきソース

ドレッシングやデミグラスソース、てりやきソースなど濃厚系ソースに加えれば、味の奥行きや旨みがグンとアップ！

活用 4　デザートや甘味にも

- コーヒーだんご
- コーヒーぜんざい

白玉だんごをこねる際に加える水をコーヒーに代えれば「コーヒーだんご」に。粒あんとコーヒーを合わせて「コーヒーぜんざい」にも。

器選びや身近な小物でもっと楽しく！

コーヒーを素敵にサーブ

美味しいコーヒーを見つけたら、自分ひとりで楽しむだけでなく、家族や友人、大切なあの人にも飲んでほしくなりますよね？

そんなときには、サーブのスタイルにもひと工夫。合わせる小物を変えるだけで、味わいも印象も大変身。

例えば、季節の花や、ベランダのハーブをガラスのコップに挿して添えるだけで、カフェのテーブルみたいになっ

て、気分も上がりそう。和テイストのお皿に湯呑み茶碗を合わせてふるまったり、カッティングボードをソーサー代わりにしてみたり。ランチョンマットやキッチンクロスなど、身近な小物をアレンジするのも素敵です。

お天気の良い日なら、近くの河原や公園へお出かけするのも良いかも。お日さまの下で楽しむコーヒー時間。非日常な幸福感に包まれそうですね。

極上のコーヒーには
季節の花をテーブルに

お花や庭のハーブを花瓶に入れて飾るだけで、おもてなしにぴったりのおしゃれな印象に。ユリなどの、香りの強い花以外なら、どんな草花でもOKです。

和皿に重ねて
和のテイストで楽しむ

土ものの陶器などを、和の焼き物や茶たくにのせるなど、和風のカップに和皿を組み合わせたスタイリングも素敵です。

お気に入りの
布にのせて

ポップな包装紙やハンカチ、日本手
拭いなどをクロス代わりに敷くだけで、
いつもと違った装いに。お仕事前の
時間でも、手軽に楽しめる演出です。

カッティングボードにのせて
2人で仲良く飲む

パンやチーズを切るカッティングボードをトレー
代わりにしても。カップを2つのせて、床に
直置きすれば、くつろぎ時間にぴったり。

晴れた日には屋外で
コーヒーを

蓋つきのタンブラーやホーローカップ
をバッグに入れて、アウトドアへ GO。
近くの公園やお庭でピクニック気分を
楽しみましょう♪

column 03

Water

水とコーヒーの美味しい関係

コーヒーは豆に含まれる成分をお湯や水に溶かす飲み物なので、自分好みの味のコーヒーを淹れるには、水にこだわることも大切です。

水の性質を表す指標には、硬度とpHがあり、硬度はミネラル分の含有量、pHは液体の酸性・中性・アルカリ性を表します。ヨーロッパで一般的に飲まれている水は、硬度の高い硬水で、ミネラル分が多いために独特の風味があります。コーヒーに使うと酸味よりも苦みを感じやすくなります。日本の水道水や国産のミネラルウォーターは軟水で、癖がありません。軟水で淹れると苦みが溶けにくいため、酸味が生きた味わいになります。

硬度とpHのバランスで変わってくるので、好みで選んでも良いのですが、おすすめはコーヒー本来の味を引き出しやすい軟水です。

水は新鮮なものを沸かすのが基本。何度も沸騰させると、お湯のなかの炭酸ガスが減り、コーヒーの味を引き出せなくなってしまうことも。

硬水と軟水

水は、カルシウムやマグネシウムなどのミネラル分の含有量によって軟水と硬水に分かれます。ミネラル分が多い硬水で淹れると苦みが強く出る傾向があり、ミネラル分が少ない軟水では、より酸味を感じやすいコーヒーになります。

非常に硬水	硬水	中程度の軟水	軟水

←―――― ミネラル分が豊富 ――――――― ミネラル分が少ない ――→

苦みを感じる
・ヨーロッパ産のミネラルウォーター

酸味を感じる
・水道水
・国産のミネラルウォーター

水のpH

pH 7を中性として、下回れば酸性が強い、上回ればアルカリ性が強い水ということになります。コーヒー豆は酸性なので、酸性の水を使えば酸味が強くなり、アルカリ性の水を使うと酸性が中和されて、ほどよくマイルドになります。水道水は、土地によって違いがありますが、基本は中性です。

1	7	14
酸性	中性	アルカリ性

酸味を感じる	バランスがよい	まろやか

coffee time

Part 04

コーヒーレシピ

できたら自慢のラテアートや、定番のミルクのほか、
フルーツとの掛け合わせやお酒とのマリアージュで
もっと広がるコーヒーの味わいを。

コーヒーをアレンジしてみたい！

165

目でも楽しめる

ラテアートを作ろう

　見た目にも心躍る、ラテアート。エスプレッソにスチームミルク（空気を含ませながら蒸気で温めたミルク）を注いで絵や模様を作ります。スプーンやピックがあれば、初めてでも楽しむことができます。

　きれいな絵柄に大切なのは、エスプレッソの滑らかなクレマ（泡）と、同じく滑らかなスチームミルクです。ラテアートはミルクの対流を利用し模様を作るため、対流が起こりやすい、底に丸みのあるカップを使うのがベスト。厚手のものなら冷めにくく、温度も長持ちします。

　滑らかなクレマに、思いどおりの絵柄が描けたら、さらに楽しみが広がりそうです。

主な道具と材料

ミルクピッチャー
（約 340mL）

ピック
（金属製のもののほか、
竹ぐしなど）

スプーン

ステンシルシート
（クリアファイルを
切り抜いても作れます）

**チョコレート
シロップ**

ココアパウダー

ふるい

check

スチームミルクと
フォームドミルクの違いは？

• • •

「スチームミルク」はスチームしたミルク全体のこと。よく聞く「フォームドミルク」は、スチームミルクの上の泡（フォーム）部分のこと。滑らかにスチームできていれば、ミルクとフォームは明確には分かれていません。

スチームミルクを作ろう

STEP
01 エスプレッソマシンのスイッチを入れる

エスプレッソマシンを温める。

STEP
02 ピッチャーに牛乳を入れる

撹拌時間が長いほど、きめ細かいミルクになる
ため、よく冷えた牛乳を使用（乳脂肪分 3.0%
以上の成分無調整のものが泡立ちがよい）。
空気を取り込んで量が増えるので、牛乳の量
はピッチャーの 1/3 ～ 1/2 程度に。

STEP
03 スチームノズルを空ぶかしする

空のピッチャーな
どで受けて、ス
チームノブを全開
にし、スチーム管
内の水分と空気
を抜く。水分が出
なくなるまでの1～
2秒程度。

STEP 04 ピッチャーをスチームノズルにつける

ノズルの先に空気を取り込む穴があるので、牛乳の液面すれすれにつけて、空気の取り込みを邪魔しないようにする（蒸気で牛乳が膨らむため、1cm ほど浸かっているように見える）。

STEP 05 スチームノブを開く

スチームノズルから出る蒸気を利用して、空気を含ませながら牛乳を温める。勢いよく蒸気が噴き出すので、こぼれないように注意。このあと、牛乳の液面が上がってくる。

STEP 06 温度が上がっていく

牛乳の液面が上がっても動かさず、ノズルと液面の位置をキープ（液面が上がってきたら、ノズルの空気穴はふさがって OK）。

STEP 07 スチームノブを閉じる

ピッチャーが2〜3秒触り続けられないほど熱くなったら、スチームノブを閉じる。ピッチャーを持つ手と反対側の手で、2〜3秒は触れるくらいが適温。

> 60℃くらいで止めましょう。

STEP 08 スチームミルクの完成

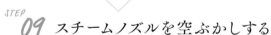

02 の倍近い量になる。スチームしたミルクが分離しないように、ピッチャーの中で回るイメージで、カップに注ぐまでピッチャーを回し続ける。

STEP 09 スチームノズルを空ぶかしする

07 のあと、すぐにタオルで押さえて、ノズルを空ぶかしする。ノズルの内側と外側に牛乳が固まってこびりつくのを防ぐため、毎回行う。

ラテアートレシピ

Latte art recipe 01

まずチャレンジしたい
ハート

用意するもの　エスプレッソ…30g
スチームミルク…150 〜 180g

ラテアートの定番と
いえば、ハートです。
基本的な絵柄から押
さえましょう。

作り方

1 エスプレッソを入れたカップを傾けてピッチャーの先を液面に近づけ、ミルクを中央に注ぎ入れる。

2 液面が半分くらいの高さになったら、ピッチャーをカップに近づける。

3 ピッチャーを液面に近づけて注ぐミルクの量を増やし、白い模様を作る。

4 そのままミルクを注ぎ続けて、白い模様を大きくする。

5 ピッチャーを少し上げ、丸を横切るように動かす。

6 ピッチャーを上げながらミルクをスッと離す。

arrange

ハートを作ってからピックを使って、ラインや目を描き入れると小鳥に！ 目は、周りの茶色い部分をすくってのせる。

Latte art recipe 02

チョコレートシロップを使って

ねこ

用意するもの エスプレッソ…30g
スチームミルク…150 〜 180g
チョコレートシロップ、
ピック、スプーン

チョコレートシロップ
を、残ったスチームミ
ルクと混ぜると、色
の濃淡を作れます。

作り方

1 エスプレッソを入れたカッ
プを傾けてミルクを中央に
静かに注ぎ、液面が半分く
らいの高さになったら、ピッ
チャーをカップに近づける。

2 ねこの頭になる位置に、ミ
ルクを留めて注ぎ、小さな
塊を作る。

3 頭から少し離したところに
いったんミルクを流し入
れ、頭の方に持ち上げて
から体を作る。

4 しっぽが細くなるように、
ピッチャーを上げながら静
かに動かす。

5 ピックで白い泡を引っ張っ
て、耳、ヒゲを作る。面
積の広いところは竹ぐし、
細かいところは金属のピッ
クがおすすめ。

6 スプーンでチョコレートシ
ロップをすくい、ねこの模
様になるようにそっと置く。

arrange

ピックを使えば、ねこの
模様も自由自在。

Latte art recipe 03

ステンシルシート＆ココアパウダーを使って

月と星

用意するもの
エスプレッソ…30g
スチームミルク…150 〜 180g
ココアパウダー…適量、
ステンシルシート、ふるい

ここではクレマとミルク
が混ざるように注ぎ、
表面が白っぽくなるよ
うに仕上げます。

作り方

1 エスプレッソを入れたカッ
プを傾けて、ミルクを中央
に流し入れ、クレマとミル
クが混ざった、コントラス
トのない状態にする。

2 全体が混ざるように、カッ
プにミルクを注ぎ続ける。

3 ステンシルシートをのせ
る。手作りの場合、カッ
プにのるように、少し大
きめに切り取っておくとよ
い。

4 ココアパウダーを全体に
振る。

5 ステンシルシートをそっと
外す。

arrange

市販のステンシルシートなら、複雑な
絵柄も手軽。ここではバタフライピー
パウダーを使用して青い模様に。

コーヒー×ミルクのレシピ

スパイスカフェオレ

材料（1人分）

- コーヒー…100g
- 牛乳 … 100g
- お好みのスパイス（カルダモン、シナモン、クローブなど）

抽出方法

フレンチプレスまたはペーパードリップ

作り方

1 牛乳にスパイスを入れ、沸騰しないように鍋で2〜3分温める。スパイスを取り出す。

2 豆20gにお湯180gで、コーヒー100gを抽出。

3 1と2を合わせる。

> コーヒーと牛乳を1:1で淹れるのがカフェオレ。通常抽出の倍量の粉で抽出します。

ダルゴナコーヒー

材料（1人分）

- エスプレッソ…1ショット（20g）
  または濃いめのコーヒー…30g
- きび砂糖…大さじ1
- 生クリーム…50g
- 牛乳…120g
- 氷…適量

抽出方法

エスプレッソマシンまたはペーパードリップ

作り方

1 生クリームを8分立て程度に泡立てる。

2 1に、きび砂糖とエスプレッソ、
または濃いめのコーヒーを加えて、さらに混ぜる。

3 グラスに氷を入れ、牛乳を注ぐ。

4 3のグラスの上に2をスプーンなどですくい、そっとのせる。

通常はお砂糖をたっぷり使いますが、ここでは控えめにして、代わりに生クリームを。生クリームを使用することで、泡立ても短い時間で済みます。

コーヒー×フルーツのレシピ

エスプレッソオレンジトニック

材料（1人分）

- エスプレッソ…2ショット（40g）
- トニックウォーター…100g
- オレンジジュース…30g
- 氷…適量

抽出方法

エスプレッソマシン

作り方

1 グラスに氷を入れ、トニックウォーターとオレンジジュースを注ぐ。

2 抽出したエスプレッソを、1に注ぐ。

> エスプレッソを氷に当てるように静かに注ぐと、きれいな二層に分かれます。
> オレンジジュースのほかに、ピーチジュースやマンゴージュースなども、色合いや雰囲気が変わって楽しめます。酸味を感じる浅煎りのコーヒーがよく合います。

コールドブリューフルーツコーヒー

材料（4～5人分）

- コーヒー…900g

- フルーツ…50g 程度（オレンジ、キウイ、ブドウなど）

- 飾り用のフルーツ、ミントなど…適量

抽出方法

水出しまたはフレンチプレス（1L）

作り方

1　水出し容器のストレーナーに粉80～90gを、ガラス部分にフルーツを入れる。

2　水を1000g 注いで冷蔵庫で8～12時間ほど冷やしたら、ストレーナーとフルーツを取り出す。

3　飾り用のフルーツをグラスに入れて、2を注ぐ。

＊ フレンチプレスの場合は、粉とフルーツを一緒に入れて水を注ぐ。ラップをして冷やしたらフルーツを取り出し、プランジャーをつけてコーヒーを別の容器に注いで保存。

できあがりが薄いようであれば、最初に注ぐ水（ストレーナーが浸るまで）を50℃くらいのお湯にしてみてください。

column

甘さが欲しいときは、はちみつや、ひと手間かけた自家製シロップもおすすめ。砂糖2：水1でミキサーか鍋にかけて砂糖を溶かします。鍋の場合、溶かした液体が熱いうちに、レモンやオレンジの皮などを入れるとフルーティーになり、このレシピにもよく合います。

フルーツフレーバーコーヒー

材料（1人分）

- コーヒー…160g
- オレンジの皮（ノーワックスのもの）…適量

抽出方法

フレンチプレス

作り方

1 フレンチプレスに、粉 10 〜 12g とオレンジの皮を入れる。

2 1に、お湯 180g を注いだら、プランジャーをセット。

3 4分経ったら静かにプランジャーを押し下げ、注ぐ。

> コーヒーはフルーティーなものがよく合います。りんごの皮もおすすめ。

コーヒー×アルコールのレシピ

アイリッシュコーヒー

材料（1人分）

- コーヒー…100g
- ウイスキー…10g
  *アルコールは5〜15g程度から、
  お好みで増減してください。
- はちみつ
  …10g（砂糖の場合は6g）
- 生クリーム（脂肪分35％程度）…40g

抽出方法

ペーパードリップ

作り方

1 豆20gにお湯140gの比率で、濃いめのコーヒーを100g抽出（粉1：お湯7）する。

2 湯通しして温めたグラスに1のコーヒーを注ぎ、ウイスキーとはちみつを加え、混ぜ合わせる。

3 生クリームを6分立てにしてスプーンなどですくい、2の表面に浮かべるように注ぐ。

使用するコーヒーやウイスキーとの相性によって、加える甘みは和三盆などで仕上げても、フルーティーに仕上がります。

コーヒーハイボール

材料（1人分）

- コーヒー…40g
- ウイスキー…20g
- ガムシロップ…5g（砂糖2：水1でも作れます）
- ソーダ…80g
- レモン…適量
- 氷…150g

抽出方法

ペーパードリップ

作り方

1 豆20gにお湯180g、氷150gでアイスコーヒーを抽出し、できあがりの40gを使用する。

2 グラスにウイスキー、ガムシロップ、1を注ぎ、スプーンでよく混ぜ合わせる。

3 2に氷（分量外）を入れ、グラスの縁からゆっくりと泡立たないようにソーダを注ぎ、レモンを絞る。

> ウイスキーとガムシロップ、アイスコーヒーをしっかり混ぜ合わせると、美味しく仕上がります。ガムシロップなしでも、さっぱりと楽しめます。

ボタニカルコーヒーカクテル

材料（1人分）

- コーヒー…150g
- ブランデー…3g
- エルダーフラワーリキュール…5g
- はちみつ…5g
- フレッシュハーブ（レモングラス、ミント、タイム、ローズマリーなど）…適量

抽出方法

ペーパードリップ

作り方

<u>1</u> 粉 12g にお湯 180g で、少し濃いめのコーヒーを 150g 抽出する。

<u>2</u> 耐熱グラスに 1 を注ぎ、ブランデー、エルダーフラワーリキュール、はちみつを加え、混ぜ合わせる。

<u>3</u> 2 にフレッシュハーブを加える。取り出すタイミングはお好みで。

> ゲイシャなどのフローラルで華やかなコーヒーを使うと、より香り高く仕上がります。

arrange recipe 05 コーヒー×デザートのレシピ

コーヒーゼリー

材料（1人分）

- コーヒー…200g
- 板ゼラチンまたは粉ゼラチン …3g
- 氷水（板ゼラチンの場合） …適量
- 砂糖またははちみつ…12g
- バニラアイス、ミント（トッピング用）…適量

抽出方法

フレンチプレスまたはペーパードリップなど

作り方

1 板ゼラチンをたっぷりの氷水でふやかす。粉ゼラチンの場合は、水に入れてふやかしておく。

2 豆15gにお湯255gで200gのコーヒーを抽出したら、砂糖またははちみつを混ぜ、沸騰直前まで火にかける。

3 2に1を入れて溶かし、鍋を氷水につけて粗熱をとる。

4 容器に移して2〜3時間冷やす。バニラアイスとミントを飾る。

> 浅煎りのフルーティーなコーヒーで作ると、真っ黒でない、見た目もきれいな仕上がりに。バニラアイスが溶けかけたところを、一緒に召し上がれ。

アフォガート

材料（1人分）

- エスプレッソ … 1ショット
  （20g）
  または濃いめに入れたコー
  ヒー…30g

- バニラアイス
  …2ディッシャー

- コーヒーアイス
  …1ディッシャー

抽出方法

エスプレッソマシンまたはペーパー
ドリップ

作り方

1　グラスにアイスをバニラ、コーヒー、バニラの順に盛る。

2　抽出したエスプレッソを、1にかける。ペーパードリップの
　場合は、粉20gにお湯140gの比率で、濃いめのコー
　ヒーを100g抽出し、30gかける。

> エスプレッソがなければ、コーヒーにアイスク
> リームが浮いている状態でも美味しいです（ア
> フォガート＝おぼれるという意味）。甘いものと
> 組み合わせるので、濃いめのコーヒーがよいで
> しょう。脂肪分の異なるアイスクリームで試し
> ても、表情が変わりますよ。

SNSで見つけた

あの人の楽しみ方②

仕入れの商品や
スイーツと一緒に楽しむ

コーヒーは毎朝起きてすぐにハンドドリップで淹れています。仕事中は10時頃、休憩の15時、次の仕事に向けて20時頃といったタイミングで楽しみ、寝る前に飲むこともあります。ヴィンテージやアンティークを扱う仕事をしているのですが、仕入れをする商品を眺めながら飲むコーヒーは、心も頭も安定させてくれる強い味方です。休憩時に淹れるときは、コーヒーによって一緒に食べるスイーツも種類を変えます。酸味のあるコーヒーのときは酸味のある果物と、深みと甘みがあるコーヒーのときは生クリーム系やあんこのスイーツがよく合います。

トリマユさん
(Instagram：@ torimayu122)

総合商社に勤務しミャンマーに駐在していたときに、ミャンマーコーヒーの素晴らしさと出逢う。コーヒーに携わることをしたいと、帰国後にUCCコーヒーアカデミーのプロフェッショナルコースを受講し、コーヒーの知識を幅広く学ぶ。現在は貿易会社を経営するかたわら、各国のコーヒーの魅力を広めるためハンドドリップの入れ方講座を無料で行っている。

いつもはプラスチックのドリッパーで淹れていますが、たまに波佐見焼のドリッパーを使うときは気合いが入ります。温める時間を調整し、お気に入りのコーヒーを淹れる…。時が止まったように感じる、幸せな瞬間です。

好きになったキッカケは？

「マンデリンっておいしい」と言った高校時代のアルバイトの先輩。こんな酸っぱさ、私もわかりたい、と憧れました。

どんなところが好き？

香りや風味が産地によって違うことや、焙煎士や焙煎の場所によっても変わることに魅力を感じています。

私の会社で扱っているアンティークのクッションと、お気に入りのラグの本、コーヒーでのひととき。

お気にりのドリッパーコレクション。並べてみると、花が咲いたようなおしゃれでかわいらしい見た目も、魅力のひとつ。

コーヒーアカデミーに通い、奥深さを知った

　コーヒーを深く知りたくてアカデミーに通ったことで、コーヒーの知識や視野が広がりました。豆選びの冒険をしてみたり、新しい器具を探してみるなどして探究心がより高まり、コーヒーオタクの仲間たちと一緒にわいわいと話す楽しさも知りました。

　奥の深いコーヒーの世界を、ぜひ多くの方に知っていただきたいと思います。またコーヒーに関わる国の背景や生産者の方々の生活などについても、関心が深まっていくことを願っています。

好みの味は？
一番は「東洋のパナマ」と称されるミャンマーの豆。後味がスッキリしていて甘みもあり、とても上品な味がします。続いてブラジルやドミニカ共和国の豆を好んでいます。

ミャンマーで入手したヴィンテージのミルと。

- - - - - - - - - - - - - - - - -
使ってみたい器具は？
カリタの銅製のカリタウェーブです。

coffee time

Part 05

コーヒーのひみつ

コーヒーの歴史、品質、美味しさの理由など、
コーヒーをひもとくエッセンスを
ひとさじどうぞ。

もっと知りたい、コーヒーのこと

191

バリスタに聞きました

コーヒーエトセトラ

素朴な疑問から今どきのコーヒー事情まで、Q&A でご紹介します。

基本のき

Q アイスコーヒーに
おすすめの豆は？

A アイスコーヒー専用の豆や、深煎りの
豆だけがアイスコーヒー向きとは限り
ません。ホットで飲んで美味しければ、
アイスでも同じように美味しさを感じ
られるでしょう。私のおすすめは、浅
煎りのフルーティーなコーヒーで作っ
たアイスコーヒーです。

Q 10 人分のコーヒーを美味しく淹れるには？

A 10 人分を一度に入れるのは難しいですね。5 人分ずつ入れて、保温ポッ
トなどに入れておくのがよいでしょう。ただし、保温したコーヒーは 1
時間以内に飲みきって。冷めてしまったコーヒーは、風味は落ちますが
鍋や電子レンジで温めて OK。加熱しすぎには注意しましょう。

Q ホットとアイスで、味の感じ方は変わりますか？

A そのコーヒーの基本的な味は、どちらでも大きくは変わりませんが、
ホットではいろいろな風味（フレーバー）を感じやすく、アイスでは
甘さを感じやすくなります。

Q 産地によって、豆の味わいや傾向に違いはありますか？

A もちろん産地によって違いますし、傾向はありますが、決めつけない
ほうがよいと思います。その国のコーヒーが好みに合わなかったとし
ても、同じ国の別の農園のコーヒーなら気に入るかもしれないからで
す。あまり型にはめずに楽しんでください。

Q 最近、世界で人気のコーヒー産地はどこですか？

A バリスタの大会では、コロンビア産やエチオピア産などが人気です。
生産処理方法が進化した「ナチュラル」や、プロセスにこだわった乳
酸発酵のコーヒーなど、びっくりする味わいのものがあります。

Q 家にいる時間が増え、コーヒーの量も増えました。
アドバイスをください。

A 一日を通してコーヒーをよく飲むので作り置きしたいのなら、金属
フィルターを使った高温抽出タイプのコーヒーメーカーで淹れるのが
おすすめです。金属フィルターは、コーヒーオイルが抽出されるので、
時間がたっても酸っぱくなりにくいです。また、水出しのアイスコー
ヒーをたくさん作っておけば、手軽に飲むこともできます。

Q アレンジコーヒーを美味しく淹れるには？

A そのコーヒーの風味をさらに足すことで、違和感なくアレンジするこ
とができます。例えば、はちみつや黒糖の風味であればそれを足す、
フルーツを感じるならその果物のジュースを加えるなどすると、風味
が増します。ただ、フルーツジュースだけでは甘さが足りないので、
砂糖を足したり、煮詰めて濃度を上げたり、フルーツジャムを加えた
りしてバランスをとるとよいでしょう。

豆知識

Q コーヒーは１日に
何杯くらいまで？

A 淹れ方やコーヒー豆の種類にもよりま
すが、１日に４〜５杯くらいが適量で
しょう。浅煎りのコーヒーはカフェイン
の含有量も多いので、浅煎りばかりで
はなく、中煎りや深煎りのコーヒーも
どうぞ。個人差もあるので参考までに。

Q 眠気を覚ましたいとき、
効率よく飲むには？

A コーヒーに含まれるカフェインが眠気を覚ますので、砂糖やミルクの
入っていないブラックで飲むのがよいでしょう。カフェインが効き始
めるのは飲んでから 20 〜 30 分後です。

Q コーヒーを飲むと
おなかを壊してしまうのですが…。

A コーヒー豆が古くなって、コーヒーオイルが酸化していることが原因
かもしれません。鮮度のわかる新鮮なコーヒーを選んだり、空腹時を
避けるなどしてみてください。

Q 抽出後のコーヒーの粉の活用法は？

A
- ・ペーパードリップ後、そのまま電子レンジで1〜2分加熱すると、レンジ内のいやな臭いが緩和されます。
- ・自然乾燥や電子レンジ加熱でしっかり乾燥させ、お茶パックなどに入れて靴箱に置いておくと、消臭効果があります。
- ・同様にしっかり乾燥させてから布で包み、針山にすると、コーヒーオイルの効果で針がさびにくくなります。
- ・コンポストに野菜くずと一緒にコーヒーの粉を入れると、肥料として利用できます。

Q サードウェーブって何ですか？

A アメリカのコーヒーブームの第三波のことです。キーワードは「ダイレクトトレード」です。全米で圧倒的な知名度のコーヒーチェーン店に対抗するために、品質、焙煎、抽出にこだわり、お客様に美味しいと感動してもらえるコーヒーを持続的に提供することを目指しています。そのために、生産国の生産者をパートナーとして、現場での品質向上や、高品質の原料を生産し続けることのできる価格を支払うこと。また、それらの情報の透明性も保証しています。お客様は求めればその情報を得ることができます。代表的な店舗は「スタンプタウン」「インテリジェンシア」などです。

もっと知りたい

Q バリスタ・山本さんの
コーヒーの楽しみ方は？

A 店に立つときは、開店前にエスプレッソの味を調整するので、これを終えたら、みんなの分も一緒に作ってエスプレッソ系のドリンクを飲みます。家では、休日に爽やかでフルーティーなコーヒー豆を手動のミルで挽いて、主にフレンチプレスで淹れています。気分でお気に入りの北欧系カップを登場させて楽しんでいます。

Q 生豆が入っている麻袋に書いてある情報は？

A 国によっても異なりますが、生産国の国名、農園名、重量、収穫年度などが記載されます。私のお店では産地から直接買いつけを行うので、現地で店名も印刷して出荷してくれています。最近は、麻袋だけではなく、光や空気を通さない袋に密閉し、さらに段ボール箱に入れて完璧に劣化を防ぐための梱包もあります。

Q 美味しいコーヒーと言っても伝わらないので、
好みのコーヒーを伝えるには？

A 美味しいコーヒーといっても、感じ方は人それぞれなので難しいですね。これまでに飲んで気に入ったコーヒーがどんなコーヒーだったか、思い出してみてください。酸味、苦み、甘みの強さ、爽やかさ、香ばしさなど、何が好きなのか考えてみてください。最初は「濃いめ」「爽やか」などから伝えてみましょう。

Q コーヒー初心者ですが、専門店を楽しむポイントは？

A まずはお店がきれいで、スタッフの情熱が感じられることが大切です。そして、豆の情報や焙煎日など、知りたいことはどんどん質問してください。お客様がコーヒーに詳しくても、そうでなくても、バリスタの対応は変わりません。むしろ詳しくないほうがいろいろと教えてもらえるでしょう。プロから教えてもらったことを、家族や友達に話すのも楽しいものです。

Q バリスタになりたいと思ったら、
どういう道がありますか？

A 専門店で飲んでみて、美味しいと思ったお店で働くのが一番の近道でしょう。エスプレッソマシンを使えるようになるだけでなく、美味しいコーヒーを扱うお店で、美味しいコーヒーを淹れ、お客様に喜んでいただくのがバリスタです。

Q 専門店で、コーヒーにミルクを入れてもいいですか？

A もちろんミルクを入れてもかまいません。ただ、ブラックで一口も飲むことなく、最初から砂糖やミルクを入れて飲むのはもったいないと思います。まずはブラックで試してみて、ミルクを入れたほうが好みかどうか判断してください。また、ミルクを入れたいのであれば、「ミルクを入れたいのだけれど、おすすめのコーヒーはありますか？」あるいは「ブラックが苦手なのですが、飲みやすいコーヒーはありますか？」と聞いてもよいでしょう。私は、ミルクを入れたいのであれば、カプチーノをおすすめします。

コーヒー豆ができるまで

焙煎の工程

　焙煎（ロースト）とは、生豆を加熱し、コーヒー独特の香りや風味を引き出す重要な工程。緑がかった生豆は、焙煎によってあの褐色になっていきます。焙煎時間や火の入れ方によって、浅煎り、中煎り、深煎りと分けられ、味わいも異なります。

のぞき窓（焙煎中
の豆を確認する）
②

スプーン（焙煎の
状態を確認する）
③

冷却槽（焙煎した豆
を素早く冷却する）
④

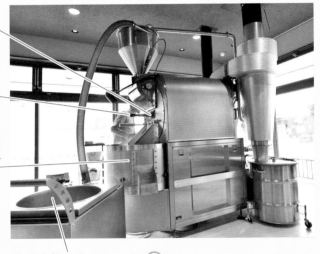

生豆を投入するところ ①

直射日光を避け、
温度管理をした部屋で
生豆を管理

コーヒー豆の敵は、高温と湿度。乾燥や湿気によって風味が落ち、品質が落ちてしまいます。生豆は、日光の当たらない25℃以下の場所で管理されています。

① 生豆を焙煎機に入れる

焙煎は、温度や湿度が管理された部屋で行われます。まず焙煎士が生豆を投入口に入れると、太いホースで一気に吸い上げられ、回転ドラムに入っていきます。

② 10〜15分を目安に焙煎スタート

焙煎が始まると、みるみる豆の色が変化します。焙煎士はのぞき窓から豆の色を見て、焙煎の度合いをチェックします。焙煎時間はだいたい10〜15分です。

③ 焙煎の度合いや香りをチェック

頃合いを見て、焙煎士がスプーンという豆の状態をチェックする部分から豆を引き出し、色や香りを何度も確認します。

④ 焙煎が終了したら外に出し、高温になった豆を冷却

10〜15分焙煎し、最適な状態に焙煎できたら終了です。焙煎したばかりの豆は非常に高温なので、冷却槽に移し、ファンで空気を吸い込みながら羽根で撹拌して冷まします。

⑤ 最後に豆の水分量と密度を計測、カッピング

豆の水分量や密度を計測し、記録します。焙煎した豆の色も毎回計測します。最後はカッピングして確認します。

できあがり！

焙煎したての豆には炭酸ガスが多く含まれています。2〜3日寝かせてガスをほどよく抜くことで、抽出状態の良い豆になり、美味しいコーヒーを淹れることができます。豆は遮光された適温の部屋で保管し、飲み頃を待ちます。

自宅で焙煎してみよう

用意する物

生豆

100 ～ 200g 程度が焙煎しやすいです。

ロースター

ふたつきの網。ぎんなん煎り用などでも代用できます。

ざる

焙煎した豆を広げて冷ますために必要です。

ドライヤー

高温の豆を冷まします。うちわでも可。

軍手

豆が高温になるので軍手を着用します。

スケール

適量を測って焙煎します。

① 生豆をチェックして 欠点豆を取り除き、計量

割れている、虫食いがある、かびているなど欠点のある豆が混ざっていると、美味しいコーヒーにはなりません。高品質な生豆の場合、欠点豆はほぼありませんが、よく見てていねいに取り除き、計量します。

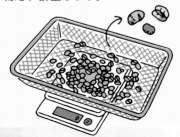

② ロースターに入れて、 弱火で煎る

ロースターに豆を入れ、ふたをして弱火にかざします（家庭用ガスレンジでもOK）。最初は火から30cmくらい遠めに離して始めます。絶えず動かしながら、豆の表面全体にまんべんなく火を当てるようなつもりで振ります。

③ パチンパチンと音がしてくる

生豆の色が薄い茶色になってきたら、火から20㎝の位置に下げて振り続けます。さらに、ほんのり色づいてきたら15㎝まで下げます。煙がもくもくと出て、パチンパチンと音がしてハゼてきます。これが1ハゼです。そのあとは②と同じ、火から20〜30㎝くらいのところに遠ざけて火を止めるタイミングを決めます。パチパチと1ハゼが始まって1分程度で中煎り〜中深煎りくらいです（豆や熱のかけ方で異なります）。音がしなくなるころが最も深煎りの状態です。

④ ざるで冷ましてできあがり

豆の色を確認したら、ざるに移してドライヤーで冷風を当て、冷ましてできあがり。火を止めても、ロースターや豆自体が熱いために焙煎が進んでしまいます。好みの状態よりも少し早めに火を止めて、素早く冷ますのがコツです。手網での焙煎は完全に水分を抜くことが難しいので、お店の焙煎より劣化が早いです。できるだけ早く飲むことをおすすめします。

コーヒーの歴史について

始まりはエチオピア

古くから世界各国で愛されてきたコーヒー。その起源については諸説ありますが、約3000万年前には存在していたといわれ、「コーヒーノキ」の原産地は、アフリカ大陸のエチオピアだと考えられています。

もともと自生していたコーヒーノキが発見され、薬用として用いられるようになり、その価値が認められて、長い年月をかけて世界各地に伝わりました。飲み物としてコーヒーを使い始めたのは、15世紀前後のことだと考えられています。

エチオピアで発見されたコーヒーは、まずアラビアへ伝わり、その後、イスラム圏の各地へと広まります。1554年にはトルコの首都イスタンブールに、世界初とされるコーヒーハウスが誕生しました。当時は、コーヒー豆を深く煎り、それを石臼で細かく挽いて水から煮出す方法（ターキッシュコーヒー）でした。

ヨーロッパで愛されたコーヒー

さらに、イスラム圏を旅した人や貿易商などによって、コーヒーはヨーロッパへ伝わります。そして1650年、ロンドン西部、オックスフォードにイギリス初のコーヒーハウスが登場すると、異国の飲み物である珍しさと独特の風味に惹かれ、たちまち大人気となりました。そのわずか10年後には2000軒、30年後にはロンドン市内だけでも3000軒ものコーヒーハウスがあったといわれています。

当時のコーヒーは、依然として煮出して飲むターキッシュコーヒーでしたが、布袋にコーヒーの粉を入れ、お湯を注いでコーヒーを透過させるドリップ式がフランスで発明されます。煮出すコーヒーからこすコーヒーに進化。ドリップ式によって、コーヒーの豊かな香りと味わいが最大限に引き出されるようになり、人々に、より愛される飲み物として世界中に広まっていくことになります。

コーヒー大国アメリカ

アメリカにコーヒーが伝わったのは、1600年代の中頃。それまでは紅茶が一般的でしたが、ニューヨークが国際的なコーヒー豆取引場所となった

ことから、ボストンでアメリカ初の
コーヒーハウスが開店しました。その
後、イギリスの「茶条例」による紅茶
の独占や重税などに対する不満がつ
のって、1773年にボストン沖に停泊
していた東インド会社の船を市民が襲
撃し、積み荷の紅茶を海中に投棄する
という「ボストン茶会事件」が起こり
ます。これをきっかけに、アメリカ人
は紅茶よりもコーヒーを好むように
なったといわれています。

スペシャルティコーヒーの始まり

1960年頃、アメリカではコーヒー
の飲用がピークを迎えます。しかし、
その後は衰退の一途をたどり、1995
年にはピーク時の半分となりました。
ほかの飲み物に比べてコーヒーが美味
しくなくなり、コーヒー離れが起こっ
ていたのです。これは、安くコーヒー
を提供すること＝サービスという観点
から、安い原料を使い安いコーヒーを
提供し続けたことにより、コーヒーが
美味しくなくなっていった結果でし
た。これを機に、品質向上のために
コーヒーの原料の調達、焙煎、抽出を
見直すようになった企業や店舗が、ス

ペシャルティコーヒーを発展させてい
く方向に変わります。その後、アメリ
カではスペシャルティコーヒーの提供
が盛んになり、アメリカのコーヒー産
業の中で高いシェアを誇っています。

日本では明治時代から本格的に

日本にコーヒーが入ってきたのは17
世紀後半の江戸時代。鎖国政策のため、
異国の文化が入ってくるのは長崎の出
島だけ。通商を許されていたオランダ
人が持ち込んだとされています。

明治時代になると、西洋料理店など
のメニューにコーヒーが登場して、認
知されていきます。1888年には東京
下谷に日本初の本格的な喫茶店が開
店。戦後、喫茶店が復活すると1970
年代にはコーヒー専門店ブームが到
来。1980年には全国に15万軒もの
喫茶店がありました。90年代後半に
はエスプレッソ系のカフェも進出し始
めました。日本でもスペシャルティコー
ヒーが注目されるようになり、2003
年には社団法人日本スペシャルティ
コーヒー協会が設立され、より身近な
ものになっていきました。

various 04 | 飲んで美味しい最高グレード
スペシャルティコーヒーとは

コーヒーにはグレードがあり、「スペシャルティコーヒー」をトップに、「プレミアムコーヒー」「コマーシャルコーヒー」に分けられることが多く、グレードによって豆や味わいに違いがあります。最高グレードであるスペシャルティコーヒーは、飲んで美味しいコーヒーの代名詞。栽培から抽出まで徹底した品質管理が行われ、特徴のある風味、味わいのある高品質なコーヒーです。近年、提供する店が増えています。

コーヒーのグレードを決める統一基準はありませんが、日本スペシャルティコーヒー協会（SCAJ）では、スペシャルティコーヒーと認めるための7つの味わいの基準（きれいなカップクオリティ／甘さ／よい酸味／質感／生産地の特徴的なよい風味／後味の印象度／バランス）を設けており、さらにトレーサビリティ（追跡可能性）、サスティナビリティ（持続可能性）を備えていることも重要だとしています。

① カップクオリティ

カップクオリティとは抽出されたコーヒーの品質のこと。コーヒーのクオリティを確保するための共通言語です。コーヒーという液体の良さを、世界的に決まったカッピングという手法で評価し、その素晴らしさ、美味しさによって価格が決まります。カッピングは、買いつけや焙煎、抽出など多くのシーンで行いますが、他のグレードのコーヒーでは基本的に液体にしたときの特徴を評価した取り引きはしません。スペシャルティコーヒーだけが、飲料であるコーヒーの液体をポジティブに評価し、価格も決めます。本当にお客様のことを考えたコーヒーだといえるでしょう。

これなら美味しくいただけそう

② トレーサビリティ

スペシャルティコーヒーでは、国名や地域、農園、農園主、品種など、そのコーヒーの生産情報が明確であることが求められます。つまり、どこで、だれが、どのようにして作ったコーヒーなのかという、農産物としての情報や履歴が明確だということです。流通経路がわかるというだけではなく、米や野菜など一般的な農産物と同様に、そのコーヒーの生産情報の追跡が可能なことをトレーサビリティといいます。

履歴がすべてわかる

コーヒー生産者とつながりが深いロースター（焙煎所）などは、通常の情報や履歴だけでなく、その土地や作り手の詳細な情報も得ており、それも開示しています。生産者はしっかりと管理を行い、細かな情報や履歴を伝えることで品質も向上し、その結果がカップクオリティにつながります。

Costa rica la chumeca
コスタリカ　ラチュメカ

農園 ラチュメカ　la chumeca
プロデューサー　マルティン ウレーニャ キロス
martin urena quiros
地区 タラス　tarrazu
標高 1700 m
品種 カツアイ　catuai
プロセス　ダブルアナエロビック
double anaerobic

農園、農園主、地域の情報などが記されたコーヒー。
どこでだれがどんなコーヒーを作ったかがわかります。

③ サスティナビリティ

サスティナビリティとは、カップクオリティを上げ、消費者に素晴らしいと思ってもらえるように努力し続けること。スペシャルティコーヒーは「今年はたまたまよいものができた」という偶然の産物ではありません。よいコーヒーを作ろうとし、努力し続けて作っているのです。なぜそうできるのかというと、カップクオリティという共通言語を基本とし、良いものができるという確信のもと、生産されているから。その結果、良いコーヒーを作れば良い対価が得られます。だからもっと良いコーヒーを作る。これが、スペシャルティコーヒーのサスティナビリティです。

カップクオリティ

**労働者の
賃金・
働く環境**

**美味しい
コーヒーを
飲みたい**

環境保全・設備投資

カップクオリティを上げていくためには、労働者の賃金や働く環境、環境保全、設備投資、理解あるバイヤーとの継続的な関係などにも力を入れていかなければなりません。これらすべてがカップクオリティにつながって、価格に反映されることによって生産の環境がよくなり、そしてまた良いコーヒーが生まれる、というループになっていきます。

技術の革新

コーヒー産業を守るためには、科学技術の革新が必要です。WCR（ワールドコーヒーリサーチ）では、科学者とコーヒー業者・関係者とのネットワークを構築し、コーヒーの品質や生産性の向上、気候変動によるコーヒー栽培への影響の研究などを行っています。

パートナーシップ

生産者・ロースター・消費者がつながればつながるほど、コーヒーの価値が生産国でも底上げされ、よりいっそう重要な農産物となります。

コーヒーの
未来を守る

コーヒーを取り巻く環境

地球温暖化はコーヒーの栽培にも大きな影響を与えています。私たちが普段の生活から地球の環境について考え行動することも重要です。生産国でも森林伐採やプロセス後の水処理、再生可能エネルギーの使用など環境に関係する問題にも取り組み、地球の環境に配慮しています。

消費国での教育・啓蒙

コーヒーの生産を守るため、消費国においては、良いコーヒーとは？素晴らしいコーヒーとは？トレーサビリティやサスティナビリティとは？など、コーヒーに関する知識を広め、啓蒙していく必要があります。

various
05

3つの条件が必要

美味しいコーヒーが育つ環境

コーヒーは育てるのが難しい植物といわれています。育てるためには多くの要素が関わり合っていますが、その中の一つである環境をとってみると、大きく分けて3つの条件が必要になります。それが「土壌」、「気象条件」、「狭い空間での環境」です。栄養分が豊富な土壌、雨季と乾季、日照量、標高や傾斜など、それぞれの条件がすべて満たされなければ、美味しいコーヒーを栽培することはできません。

土壌

肥沃な土壌

作物がよく育つ、肥沃で、さらに程よい保水性がある土壌であることが重要です。肥沃な土壌とは、肥料の三大要素である窒素・リン酸・カリウムを含んでいるということ。どれも美味しいコーヒーの栽培に欠かせない養分です。根がよく伸びて栄養素を多く摂取できるような、土壌の柔らかさも必要になります。

気象条件

避暑地のような気温と降水量

赤道付近に位置するコーヒーベルトは、暑い地域ではあるものの、気温は20度前後であることが良い条件のため、コーヒー栽培は標高の高い山や高地で行われています。

・降雨

年間降水量は1800〜2500ミリ程が必要。成長期に多く降り、収穫期には乾燥していることが条件です。

・気温

コーヒー栽培に適しているのは、平均気温20度前後。人が快適と感じる気温に近い温度です。

・日照時間

コーヒーは日光を好みますが、直射日光が当たりすぎると弱ってしまいます。日照量を調整するため、コーヒーノキの横に背の高い木を植えて日陰を作ることが多いようです。

狭い空間での環境

標高が高い高地が適している

特に品質の良いコーヒーができる環境は広範囲では難しく、環境の良い農園でもとっておきの場所があります。高い標高や緯度に加えて、農園の地形も重要です。例えば、長時間日の当たる斜面に農園が面していたり、風の吹き抜ける地形だったりするなど、条件の揃った場所でだけ、特別に美味しい品質の高いコーヒーを育てることができます。

美味しいコーヒーができる農園のなかでも、さらに美味しいコーヒーが育つ場所があります。

栽培から抽出までの道のり
一杯のコーヒーが届くまで

　厳しい栽培条件をクリアした限られた場所で、コーヒーノキの苗を植えてからコーヒーチェリーを収穫できるようになるまでに3〜5年。そこから多くの工程、多くの人の手を経て、一杯のコーヒーが私たちの口に入ります。

　スペシャルティコーヒーは、コーヒーの素晴らしい味わいだけではなく、その間に行われる一つひとつの工程においても、徹底した管理が求められています。そのことを表したのが

From seed to cup（種からカップまで）という言葉。コーヒーの種から、コーヒーがカップに注がれるまで、多くの人の努力があり、すべての段階で徹底した品質管理を行うことが重要である、という考え方です。

　実際にコーヒー豆がどのような過程を経て、私たちに届く一杯のコーヒーとなるのか、その道のりを見ていきましょう。

1 — 栽培
Cultivation

2 — 収穫
Harvest

育苗ポットにコーヒーノキの種を植え、発芽して50cmほどの苗木に育ったら、畑に植え替えます。苗木は3〜5年で成木となり、雨季に入って雨が降ると開花します。ジャスミンのような香りの真っ白い小さな花がつぎつぎと咲き、その開花期間は2日間ほど。花が終わると、緑色の実をつけ始めます。

緑色の実は、半年以上経つと熟して真っ赤になります。さくらんぼのように見えるため、コーヒーチェリーと呼ばれます。スペシャルティコーヒーのためには、完熟したコーヒーチェリーだけを選んで、収穫することが大切です。一粒一粒の熟度を見分け、ていねいに人の手で摘み取られます。また、大規模農園では機械収穫することもあります。

3
生産処理
Process

4
選別
Sort

収穫されたコーヒーチェリーは腐敗などする前に早めに処理をしなければなりません。それが生産処理で、そのまま天日干しで乾燥させて種子を取り出す乾燥式(ナチュラル)や、水に入れて処理してから種子を取り出す水洗式（ウォッシュド）などがあります。農園や生産処理場により、それぞれの方法で処理され生豆の状態にします。

処理した生豆のなかから、欠点豆（欠けたもの、虫食いのあるもの）や、小石、枝などの異物を取り除きます。欠点豆は味わいを損ねる原因になるので、ていねいに取り除く必要があります。さらに、大きさや形、重量などを選別して揃えます。人の手で選別する方法と、機械で選別する方法があります。

5
最終的な
カップテスト
Cupping

6
輸送
Shipping

ここまでのすべての工程が終わると、カップテストです。コーヒーをカッピングして、フレーバー、酸味、口当たりなど、豆の個性をプラス評価していきます。取引価格にも影響する重要なテストです。カップテストは、収穫後から農園独自に何度も行われることがあります。

合格した生豆は麻袋に詰めて、出荷します。日本へは船でコンテナ輸送されることが多いようです。赤道付近を長時間輸送されるため、温度によるダメージや、水に濡れるトラブルがあります。それを防ぐため、ビニール袋と麻袋で二重にしたり、真空パックにしたり、冷蔵コンテナで輸送するなどの工夫がされています。

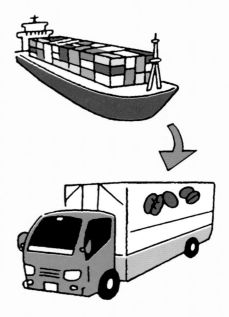

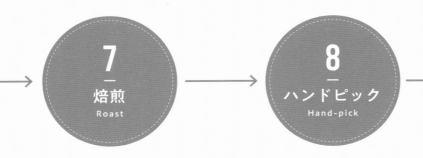

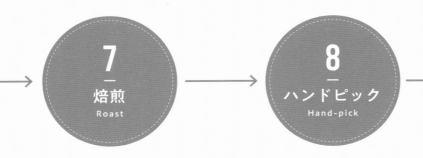

7
焙煎
Roast

8
ハンドピック
Hand-pick

1か月近い長旅を経て日本へ到着した生豆は、焙煎所へ届けられ、強い火力で煎る「焙煎」という工程に入ります。焙煎することで豆の成分が化学変化を起こし、褐色に色づき、コーヒー独特の香りや風味が作り出されるのです。同じコーヒー豆でも、焙煎度によって、コーヒーの味わいは大きく変化します。

高品質な豆は生産地で選別されているので、欠点豆などは少ないのですが、焙煎後もハンドピックは必要です。焼きむらがあったり、膨らみが悪かったりする豆を手や機械で取り除きます。少しでもカップクオリティを上げるために行う作業です。

coffee

Part 05

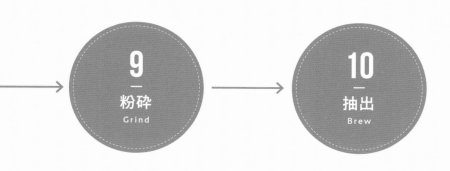

9 — 粉砕 Grind

コーヒーは挽きたてがもっとも美味しく、時間とともに香りも味も落ちてしまいます。粒の大きさを表す粒度には、細挽き、中挽き、粗挽きなどがあり、コーヒーの味わいを大きく左右します。細かいほど粒が小さく、短時間で成分がお湯に溶け出しますし、粗いと粒が大きく、成分がお湯に溶け出てくるまでに時間がかかります。

10 — 抽出 Brew

一つひとつの工程をていねいに経てきたコーヒー豆の長い旅も、いよいよおしまい。挽いた豆を抽出すると、一杯のコーヒーとなります。お湯の温度、使用する器具、抽出の手順など、最高の一杯のために細心の注意を払って淹れましょう。バリスタはそのコーヒーの特徴や良さを見極め、十分に引き出すために適切な方法でお客様に提供しています。

SPECIALTY COFFEE

Unir

本書監修の山本知子さんがヘッドバリスタを務め、また、撮影にも多大なご協力をいただいた、スペシャルティコーヒー専門店のカフェ Unir(ウニール)をご紹介!

SPECIALTY COFFEE
Unir

Unir 本店

京都郊外に位置する本店は、コーヒー豆やスイーツの販売、カフェや焙煎ファクトリーを備えている、Unir のメインショップ。
京都府長岡京市今里 4-11-1

店で手作りされたスイーツは、ケーキやコーヒープリン、あんスコーンなどバラエティー豊か。

一歩入ると、コーヒー豆やスイーツが並ぶ。カップや器具も販売している。

店の奥にある完全熱風型の焙煎機「LORING SMART ROASTER」は、とても大きくて驚き!

コーヒー豆の買いつけで集めた民芸品や、表彰状なども見どころ。

ここにいるときも
あります

奥には大きなテーブルと広々とした客席が続いている。寺の天井をイメージした折り上げ格天井も、京都らしくて楽しい。

The Unir

縁＝円をモチーフにした高台寺近くの店舗。どの店舗にもないトップレベルのコーヒーを楽しめる。風情たっぷりな和の趣に、足を運びたくなる。
京都府京都市東山区桝屋町363-6

1階奥には大人なバー。コーヒーカクテルやモクテル（ノンアルコールカクテル）が楽しめる。

カフェスペースは2階。時間の流れを忘れるような居心地の良さが特徴。照明にも「円」が。

門をくぐった正面は、大きなエスプレッソマシンがあり、ひと目でカフェだとわかる。

SHOP
そのほかに、長岡天神店、阪急うめだ店、名古屋店、THE BAKING、京都店がある。

索引

STAFF

イラスト	柿崎こうこ、小野寺美恵、村本ちひろ、さいとうあずみ
漫画	園内せな
デザイン	別府 拓、村上森花（Q.design）
撮影	山田絵理
執筆協力	山縣敦子、柴田くみ子、植松まり
校正	大道寺ちはる
編集協力	スリーシーズン（江刺家和子、植木由紀子、河野 麗）
協力	株式会社ヒサシヤマモトコーヒー Unir

監修者　山本知子やまもと　ともこ

Unir（ウニール）ヘッドバリスタ、統括マネージャー。2018年
JBC優勝、バリスタ日本チャンピオン。各店舗の現場にバリスタと
して勤務し、クオリティの維持、スタッフ教育を行っている。カフェ
関係の専門学校の特別講師や、日本スペシャルティコーヒー協会で
のセミナーにてデモンストレーションバリスタなども務める。社内
でのバリスタトレーナーや企業でのトレーニング経験もあり。テレ
ビ出演、雑誌等の取材も多数。女性の視点から、気軽に楽しく美味
しいコーヒーがあるライフスタイルを提案している。

本書の内容に関するお問い合わせは、書名、発行年月日、該当ページを明記の上、書面、FAX、お問い合
わせフォームにて、当社編集部宛にお送りください。電話によるお問い合わせはお受けしておりません。
また、本書の範囲を超えるご質問等にもお答えできませんので、あらかじめご了承ください。
　FAX：03-3831-0902
　お問い合わせフォーム：http://www.shin-sei.co.jp/np/contact-form3.html

落丁・乱丁のあった場合は、送料当社負担でお取替えいたします。当社営業部宛にお送りください。
本書の複写、複製を希望される場合は、そのつど事前に、出版者著作権管理機構（電話：
03-5244-5088、FAX：03-5244-5089、e-mail：info@jcopy.or.jp）の許諾を得てください。
JCOPY ＜出版者著作権管理機構 委託出版物＞

おいしいコーヒーのはじめ方

2021年11月25日　初版発行

監 修 者	山　本　知　子
発 行 者	富　永　靖　弘
印 刷 所	公和印刷株式会社

発行所　東京都台東区　株式　新星出版社
　　　　台東2丁目24　会社
〒110-0016　☎03(3831)0743

© SHINSEI Publishing Co., Ltd,　　　　　Printed in Japan

ISBN978-4-405-09416-1